图书馆
人力资源管理

张钧 ◎ 著

中国商业出版社

图书在版编目（CIP）数据

图书馆人力资源管理/张钧著.－－北京：中国商业出版社，2020.12
ISBN 978-7-5208-1495-9

Ⅰ.①图… Ⅱ.①张… Ⅲ.①图书馆管理－人力资源管理－研究 Ⅳ.①G251.6

中国版本图书馆CIP数据核字(2020)第250216号

责任编辑：聂立芳 张盈

中国商业出版社出版发行
010-63180647 www.c-cbook.com
（100053 北京广安门内报国寺1号）
新华书店经销
北京虎彩文化传播有限公司印刷

*

710毫米×1000毫米 16开 15.25印张 218千字
2020年12月第1版 2020年12月第1次印刷
定价：48.00元

****

（如有印装质量问题可更换）

前言 PREFACE

图书馆是社会信息化的重要基地。随着现代科学技术数字化、网络化、信息化的快速发展，图书馆也正由传统的图书馆向数字化、复合化图书馆转变。各种新技术、新设备不断被引进和应用，也产生了许多新的业务模式。

人力资源是企事业单位经营中最重要的一项资源，是影响单位生产力诸因素中最活跃的一项因素。对于图书馆事业来说，人力资源是图书馆生存与发展的生命线。对图书馆人力资源体系建设、招聘管理、绩效薪酬管理与素质测评、人员职业生涯规划的计划组织、控制和协调的过程是打造知识专业、能力复合的人才队伍的重要环节。并以此提升图书馆服务水平和服务层次，充分满足读者多层次的需求。同时，增强图书馆的核心竞争力，促使图书馆可持续发展。

本书共八章，包括中国图书馆人力资源概况、图书馆人力资源管理体系、图书馆各岗位人员及岗位说明、图书馆人员素质模型、图书馆人员招聘管理、图书馆绩效薪酬管理与素质测评、图书馆人员职业生涯规划和图书馆人力资源管理制度，是一本实用性很强的工作指导用书。本书的主要特点体现在以下两个方面。

一、系统——介绍图书馆人力资源管理的六大关键事项

本着系统、实用的原则，本书介绍了图书馆人力资源管理的人力资源管理体系建设、图书馆人员招聘管理、图书馆绩效薪酬管理与素质测评、图书馆人员职业生涯规划六大关键事项，并辅以图书馆各岗位人员及岗位说明、图书馆人员的素质模型和图书馆人力资源管理制度设计内容,为读者提供了指导和参考。

二、实用——给出图书馆人力资源管理中操作范例

本书在图书馆人力资源管理的六大关键事项中不但给出系统的实操理论,还给出了实用的操作范例,便于读者借鉴使用。

本书编写过程中难免有不妥之处,望广大读者批评指正。

著 者

2020 年 10 月

目录

第一章 中国图书馆人力资源概况

第一节 图书馆人力资源管理与发展趋势 ········· 3
一、图书馆人力资源 ··· 3
二、图书馆人力资源管理 ··· 5
三、图书馆人力资源管理者 ····································· 11
四、未来图书馆人力资源管理的发展趋势 ············· 12

第二节 图书馆人力资源存在的问题与管理措施 ········· 17
一、图书馆人力管理存在的问题 ····························· 17
二、图书馆人力资源风险管理 ································· 18
三、图书馆人力资源管理措施 ································· 19

第二章 图书馆人力资源管理体系

第一节 图书馆人力资源管理体系概述 ····················· 25
一、图书馆人力资源管理体系概念 ························· 25
二、图书馆人力资源体系设计步骤 ························· 25

第二节 图书馆人力资源管理体系内容 ····················· 33
一、图书馆人力资源战略规划体系 ························· 33
二、图书馆人力资源管理制度体系 ························· 34
三、图书馆人力资源管理运营体系 ························· 35

第三章 图书馆各岗位人员及岗位说明

第一节 图书馆岗位分析和岗位设置 …… 39
一、图书馆的岗位分析 …… 39
二、图书馆的岗位设置 …… 49

第二节 图书馆岗位说明书 …… 54
一、图书馆岗位说明书概述 …… 54
二、图书馆岗位说明书编制 …… 56
三、图书馆馆长岗位说明书 …… 60
四、图书馆业务副馆长岗位说明书 …… 61
五、图书馆采编部主任岗位说明书 …… 62
六、图书馆阅览部主任岗位说明书 …… 63
七、图书馆报刊部馆员岗位说明书 …… 64

第四章 图书馆人员素质模型

第一节 图书馆人员素质模型构建 …… 67
一、胜任素质模型概述 …… 67
二、图书馆人员胜任素质模型体系构建 …… 68
三、图书馆人员胜任素质模型应用 …… 70

第二节 图书馆人员通用素质 …… 74
一、通用能力 …… 74
二、管理能力 …… 86
三、职业素养 …… 92
四、知识 …… 98

第三节 图书馆人员岗位胜任素质 …… 101
一、图书馆馆长胜任素质模型 …… 101
二、图书馆业务副馆长胜任素质模型 …… 101
三、图书馆采编部主任胜任素质模型 …… 102

四、图书馆阅览部主任胜任素质模型 …………………… 103
　　五、图书馆报刊部馆员胜任素质模型 …………………… 103

第五章　图书馆人员招聘管理

第一节　图书馆人员招聘管理概述 ………………………… 107
　　一、图书馆人员招聘的概念 ……………………………… 107
　　二、图书馆人员招聘的意义 ……………………………… 107
第二节　图书馆人员招聘渠道和方法 ……………………… 109
　　一、内部招聘 ……………………………………………… 109
　　二、外部招聘 ……………………………………………… 112
第三节　图书馆人员招聘流程 ……………………………… 116
　　一、招聘计划制订与申报 ………………………………… 116
　　二、发布招聘信息 ………………………………………… 118
　　三、资格审查 ……………………………………………… 118
　　四、招聘考试与考核 ……………………………………… 119
　　五、公示招聘结果与录用 ………………………………… 121

第六章　图书馆绩效薪酬管理与素质测评

第一节　图书馆绩效管理概述 ……………………………… 125
　　一、绩效管理的定义与原则 ……………………………… 125
　　二、图书馆绩效管理方法 ………………………………… 126
　　三、图书馆绩效管理作用 ………………………………… 127
　　四、图书馆绩效考核方法 ………………………………… 128
　　五、图书馆绩效管理流程 ………………………………… 130
第二节　图书馆人员绩效考核办法 ………………………… 139
　　一、图书馆人员绩效考核办法概述 ……………………… 139
　　二、图书馆馆长绩效考核标准表 ………………………… 144

三、图书馆业务副馆长绩效考核标准表 …………………… 145

四、图书馆办公室主任绩效考核标准表 …………………… 147

五、采编部主任绩效考核标准表 …………………………… 149

六、图书馆馆员绩效考核标准表 …………………………… 151

第三节 图书馆人员绩效薪酬设计 ……………………………… 153

一、图书馆人员绩效薪酬情况概述 ………………………… 153

二、图书馆人员绩效薪酬设计 ……………………………… 153

第四节 图书馆人员素质测评 …………………………………… 157

一、图书馆人员素质测评概述 ……………………………… 157

二、图书馆人员素质测评方法 ……………………………… 161

第七章 图书馆人员职业生涯规划

第一节 职业生涯规划概述 ……………………………………… 173

一、职业生涯规划概念 ……………………………………… 173

二、职业生涯规划作用 ……………………………………… 173

三、职业生涯规划原则 ……………………………………… 175

四、职业生涯规划理论 ……………………………………… 175

第三节 图书馆人员职业生涯规划设计 ………………………… 190

一、图书馆人员职业生涯规划设计 ………………………… 190

二、图书馆人员职业发展通道设计 ………………………… 190

三、图书馆人员职业素质培养 ……………………………… 192

第八章 图书馆人力资源管理制度

第一节 图书馆人力资源管理制度设计 ………………………… 197

一、管理制度设计程序 ……………………………………… 197

二、图书馆管理制度设计 …………………………………… 202

三、图书馆管理制度特点 …………………………………… 207

四、图书馆人力资源管理制度体系设计 …………… 208
第二节　图书馆人力资源制度范例 ………………… 209
一、图书馆人事管理制度 …………………………… 209
二、图书馆工作人员守则 …………………………… 214
三、图书馆值班馆长管理规定 ……………………… 216
四、图书馆职工调动管理制度 ……………………… 218
五、图书馆职工辞职管理制度 ……………………… 222
六、图书馆职工退休管理制度 ……………………… 225
七、职工离退交接管理办法 ………………………… 226
八、图书馆职工奖惩管理制度 ……………………… 228
九、图书馆人事档案管理制度 ……………………… 230

第一章 中国图书馆人力资源概况

第一节　图书馆人力资源管理与发展趋势

一、图书馆人力资源

（一）人力资源的定义

人力资源（Human Resources）的概念最先是由现代管理学之父彼得·德鲁克（Peter F. Drucker）在其 1954 年出版的《管理的实践》（*The Practice of Management*）一书中提出的。他认为，人力资源和其他所有资源相比，唯一的区别是人力资源拥有其他资源所没有的素质——协调能力、融合能力、判断力和想象力。

彼得·德鲁克认为组织只有一项真正的资源，那就是人力资源。可以说，人力资源是第一资源，人力资源管理是所有管理工作的核心。

人力资源又被称为"劳动资源"或"劳动力资源"。人力资源有广义和狭义之分：广义的人力资源是指以人的生命为载体的社会资源，以人口的存在为自然基础；狭义的人力资源的定义有很多种，以下列举其中几种。

（1）一个国家或地区有劳动能力的人口的总和。

（2）能够推动整个经济和社会发展的劳动者的能力。

（3）包含在人体内的一种生产能力（包括潜在的和现实的生产能力）。

（4）推动整个社会和经济发展的具有劳动能力的人的总和（包括数量和质量）。

（5）一切能够为社会创造物质文化财富、为社会提供劳务和服务的人。

人力资源是指存在于人们身上的能够推动整个经济和社会发展、为社会创造财富和价值的一切体力、智力、知识和技能，即直接投入建设和尚未投入建设的人口的能力。

（二）人力资源的构成

人力资源包括人力资源的数量和人力资源的质量。

人力资源的数量包括绝对数量和相对数量。人力资源的绝对数量，即一个国家或地区中具有劳动能力、从事或将要从事社会劳动的人口总数。人力资源的相对数量，即人力资源率，是指人力资源的绝对数量占总人口的比例。

人力资源的质量，即人力资源具有的体力、智力、技能与态度等的状况。衡量指标包括健康、教育、能力、态度等。

（三）人力资源的特征

人力资源主要有以下特征。

（1）能动性。人具有主观能动性，能积极主动地、有意识有目的地认识世界和改造世界。

（2）两重性。人是生产者，又是消费者。

（3）时效性。幼年——少年——青壮年——老年期，人各阶段的体力和智力不同，培养、开发、使用的规律也不同。

（4）智力性。人不仅有主观能动性，而且还是科学文化的载体。人的智力的继承和发展使得人力资源所具有的劳动力随时间的推移得以积累、延续加强。

（5）可再生性。人力资源的再生性除了遵守一般生物学规律外，还受到人类意识的支配和人类活动的影响。

（6）社会性。人是构成人类社会活动的基本前提，人力资源是一种社会资源。人，是一个具有多种质的规定性的概念。人，有其自然性，也有其社会性。

二、图书馆人力资源管理

(一) 图书馆人力资源管理的定义

管理（Management）是一种工作程序，一种办事的方法。把管理职能划分为计划、组织、协调、指挥、监督等五个方面。管理的工作原则是科学的，运用方法是艺术的。

美国管理学家巴纳德认为，管理应该是一种行为的知识，即运用实际技巧的艺术。这种艺术在医学、工程、音乐或管理等方面，都是人类所追求的最富有创造性的一种因素。人力资源管理这一概念的出现，在现代管理学之父德鲁克1954年提出人力资源的概念之后。虽然它出现的时间不长，但是发展的速度却非常快。对于它的含义，国内外的学者们也给出了诸多的解释，综合起来，可以将这些概念归纳为五类。

第一类主要是从人力资源管理的目的出发来解释它的含义，认为它是借助对人力资源的管理来实现图书馆的目标。

第二类主要是从人力资源管理的过程或承担的职能出发来进行解释，把人力资源管理看成是一个活动过程。

第三类主要揭示了人力资源管理的实体，认为它就是与人有关的制度和政策等。

第四类主要是从人力资源管理的主体出发解释其含义，认为它是人力资源部门或人力资源管理者的工作，持这种观点的人所占的比例不多。

第五类是从目的、过程等方面出发，综合地进行解释，持这种观点的人占较大的比重。

我们将人力资源管理（Human Resources Management，HRM）定义为，通过对企事业单位人和事的管理，处理人与人之间的关系，协调人与事的配合，充分发挥人的潜能，并对人的各种活动予以计划、组织、指挥和控制，以实现企事业单位的目标。

因此，图书馆人力资源管理是指图书馆为了吸引和留住图书馆高质量、高素质人力资源，使其参与到图书馆各项工作中，通过对图书馆人和事的管理，处理图书馆人与人之间的关系，协调人与事的配合，充分发挥人的潜能，并对人的各种活动予以计划、组织、指挥和控制，以实现图书馆的目标。

(二) 图书馆人力资源管理的意义

人力资源是图书馆活动的主体，是图书馆服务职能实现的基本。但是人是个体，有各自的特点和需求，因此图书馆做好人力资源管理对图书馆的发展是非常重要的。

图书馆的人力资源管理主要的目的是以规范的管理制度，激励职工，人尽其才，发挥每位职工的工作积极性和主动性，使图书馆的社会职能发挥起来，实现图书馆的社会服务与科研价值。

1. 人力资源管理对图书馆的意义

通过人力资源系统以及专业的人力资源活动，提高职工的职业素养、工作技能，使职工获得更好的发展平台，从而满足职工发展和自我实现的需要。

人力资源管理对组织的整体意义主要体现在以下四个方面。

(1) 帮助组织了解图书馆现有人力资源状况和建立人才信息库。盘点组织人力资源知识、技能存量，储备人才，建立人才信息库，在需要时可有效、充分地利用本组织人力资源，帮助组织了解职工的现状、需求、能力及目标，调和它们同组织在现实和未来可提供的职业机会与挑战间的矛盾，避免职工走弯路，动态优化提高人力资源配置的合理性。

(2) 推动图书馆组织文化的形成与完善。组织文化是一个组织前进与发展的灵魂，是组织创造生产力的精神支柱。通过人力资源管理可以使职工在了解图书馆组织文化的同时，也推动图书馆组织文化的形成与完善，并树立良好的组织形象。

(3) 优化人力资源组合。通过人力资源管理的优化组合功能，有利于职工快速地成长与进步，有利于图书馆整体工作效率的快速提升。

（4）增强组织凝聚力。人力资源管理可以为职工提供一个提升与完善自我的机会，使职工在工作中实现职业生涯规划。

2. 图书馆人力资源管理对职工的意义

人力资源管理可以提高职工的自我认知、知识及技能水平，也可以转变其自身的态度和观念。人力资源管理对职工的重要意义体现为以下三个方面。

（1）提高职工的自我认知水平。通过明确的人力资源管理目标，职工能够更好地了解自己在工作中的角色和应该承担的责任和义务，更全面客观地了解自身能力、素质等方面的不足，从而提高自我认知的水平。

（2）提高职工的知识和技能。通过人力资源管理，职工的知识和技能水平将得到提升。而职工技能的提升，将极大地提高图书馆的运营效率，从而为组织创造更多的价值。

（3）转变职工的态度和观念。通过人力资源管理，图书馆可以让职工转变态度，如对待技术革新的态度、对待组织的态度和责任心问题。

（三）图书馆人力资源管理的原则

图书馆人力资源管理应遵循以下四项原则。

1. 人事相宜原则

人事相宜原则主要是量才使用。量才使用就是根据每个人的能力大小安排合适的岗位。人的差异是客观存在的，一个人只有处在最能发挥其才能的岗位上，才能干得最好。做到量才使用主要是能级对应。即图书馆职工应根据工作需要处于不同岗位，其能力应对应不同的岗位级别要求，即职工与岗位相匹配。

（1）一个岗位能级的高低是由它在组织中的工作性质、任务繁简难易、承担责任大小、劳动强度等因素决定的。

（2）能级代表着岗位在组织中的相对价值。岗位的功能越大，其能级就越高，其在组织中的相对价值就越大。

2. 动态调节原则

人力资源管理目标与措施并不是一成不变的，当人员或岗位要求发生变化时，要适时地根据发展的需要、政策的调整、环境的变化、业务的调整，对人力资源管理目标和措施、人员的配备进行适当的调整，保证人适其岗。

3. 激励原则

调动馆员的积极性是图书馆人力资源管理的重要内容。而激励是调动馆员积极性最重要的方式。通过各种有效的激励手段，激发、培养馆员保持高昂的情绪和持续的积极状态，促使图书馆各项工作得到创新和发展，管理效率得到提高。

4. 标准化与公平原则

在图书馆人力资源管理中必须遵循科学合理的标准和程序，才能体现图书馆人力资源管理的标准化与公平性，这是图书馆人力资源充分利用的重要保证。

（四）图书馆人力资源的构成

图书馆人力资源主要由管理者、信息技术人员、采编人员、咨询人员、报刊管理人员、流通管理人员构成。

1. 管理者

管理者是指图书馆内部具有管理能力的人，包括馆长、办公室主任、各部门主任等。管理者在上级主管单位的指导下，开展图书馆的各项管理工作，是图书馆的领导者和决策者。

2. 信息技术人员

信息技术人员是负责图书馆计算机、网络、信息技术的专业人员，负责对图书馆的系统运行进行日常维护和版本升级等工作。

3. 采编人员

采编人员是图书馆藏书建设和文献资源建设的主要责任人，负责合理利用经费完善馆藏，制定订购标准，确保采购质量，满足读者的阅读需求,保证馆藏质量。同时,还要负责编目工作,提高编目数据质量,保障图书馆自动化、网络化建设的需要。

4. 咨询人员

咨询人员是指既有某一学科专业背景,又有图书馆学、情报学专业知识和技能的咨询馆员,其要有一定的服务能力和与读者沟通的能力,为读者提供咨询、查新、培训等服务。

5. 报刊管理人员

报刊管理人员负责图书馆中外文报刊的管理、编目和读者咨询等工作。报刊管理人员在期刊文献资源的开发上,要形成文献信息产品,在报刊文献资源的服务上要突破信息服务的时空、地域局限,提供全方位的文献信息服务。

6. 流通管理人员

流通管理人员是指在图书馆一线部门工作,直接面向读者,对流通书库的借阅、归还等业务进行管理,使图书馆基础工作能正常运行的操作型人员。

(五)图书馆人力资源管理的内容

图书馆人力资源管理的内容包括人力资源规划、招聘与录用、培训与开发、绩效管理、薪酬福利管理、劳动关系管理6大方面。

(1)人力资源规划。人力资源规划是指为了达到单位的战略目标和战术目标,根据单位目前的人力资源状况,为了满足未来一定时期内单位的人力资源质量和数量方面的需要,决定引进、保持、提高、流出人力资源可作的预测和相关事项。

人力资源规划是单位人力资源管理的一项基础性工作,人力资源规划的目标是保证单位人力资源供给和需求的平衡,优化人力资源结构,并为人力资源的其他各项工作提供保障。

(2)招聘与录用。招聘是指为了实现单位的目标,人力资源管理部门和相关职能部门根据单位战略和人力资源规划的需求,通过各种渠道和方法，把符合岗位要求的应聘人员引进单位，以弥补岗位空缺的过程。

录用是人员招聘的主要环节之一，其主要涉及在对应聘人员进行挑选之后，对候选人进行录取和任用的一系列的具体事宜（决定并通知录用人员、试用期合同签订、职工的初步安排、试用和正式录用等内容）。在这一环节，招聘管理人员和应聘人员都要做出决策，以达成个人和工作的最终匹配。

有效的招聘和录用具有提高职工满意度、降低职工流失率、减少甚至无须支付职工培训成本、增强团队工作士气、减少工作纠纷的发生和提高单位的绩效水平等作用。

（3）培训与开发。培训是指单位为了实现其战略发展目标，满足培养人才、提升职工职业素养的需要，采用各种方法对职工进行有计划的教育、培养和训练的活动过程。开发是指单位依据职工需求和组织发展需求对职工的潜能开发与职业发展进行系统设计与规划的过程。培训和开发的最终目的都在于通过提升职工的能力实现职工与单位的共同成长。

有效的培训和开发可以传授给职工与工作相关的知识和技能，提高职工的终身就业能力，从而为单位吸引和保留人才、培养学习型单位及营造优秀单位文化等提供必要的支持。

（4）绩效管理。绩效管理是单位为实现发展战略目标，运用特定的标准和指标，采用科学的方法与职工共同进行绩效计划、绩效沟通、绩效评价和绩效反馈，以持续改进职工个人绩效，并最终提高单位绩效的管理过程。

绩效管理的目标是不断改善单位组织氛围，优化工作环境，持续激励职工，提高单位效率。有效的绩效管理有助于单位真正地了解自身，改善单位织绩效，保证职工与单位目标一致，提高职工满意度，优化和协调人力资源管理等。

（5）薪酬福利管理。薪酬福利管理即是指单位在发展战略的指导下的动态管理过程，确定、分配和调整职工薪酬福利支付原则、薪酬福利策略、薪酬福利水平、薪酬福利结构和薪酬福利构成。

科学有效的薪酬福利管理有利于推动和支持单位战略目标的实现，确立单位的竞争优势；有利于满足职工的需求，激发职工潜能，开发职工能力；有利于调和劳资关系，推动社会和谐发展。

（6）劳动关系管理。劳动关系是指单位与职工之间在劳动过程中发生的以经济利益关系为核心的各种关系的总和。劳动关系管理的主要工作事项包括劳动合同管理、劳动纠纷管理、职工满意度管理和沟通与冲突管理等。

劳动关系管理的总目标是依据劳动关系管理的法律法规，缓解、调整单位劳动关系的冲突，创造良好的工作氛围和良好的人际关系环境，最大限度地促进劳动关系的和谐，以提高单位管理效率，实现单位战略目标。

此外，除了上述的6大模块，人力资源管理还包括素质测评、职业生涯规划、人员流动管理、人事事务管理、组织文化建设、跨文化人力资源管理、人力资源外包、人力资源咨询等。

人力资源管理工作是一个有机的整体，人力资源管理6大业务模块之间相互作用，密不可分。人力资源管理各项业务的工作必须到位，同时也要根据不同的情况，不断地调整工作重点，以保证人力资源管理的良性运作，并支持图书馆战略目标的实现。

在本书中重点介绍图书馆人力资源管理体系、图书馆各岗位人员及岗位说明、图书馆人员素质模型、图书馆人员招聘管理、图书馆人员绩效管理与素质测评、图书馆人员职业生涯规划和图书馆人力资源管理制度。

三、图书馆人力资源管理者

（一）图书馆人力资源管理者

图书馆人力资源管理者一般是由图书馆的上级单位人事处负责统一的人力资源管理，图书馆内部由办公室或业务辅导部负责具体的人力资源事务。

（二）图书馆人力资源管理者职能

图书馆人力资源的管理组织职能主要包括以下几点。

1. 配合上级建立图书馆人事、岗位管理制度与规范

（1）在主管单位的领导下，配合制定规范图书馆的人事管理制度体系、岗位任职资格体系等规范性文件。

（2）组织编制、修订及实施各项图书馆人力资源管理规范。

2. 完善岗位配置工作

（1）调整、优化、规范岗位设置。

（2）完善岗位工作职责、素质能力要求与考核标准。

3. 配合招聘管理工作

（1）配合上级开展招聘选拔工作。

（2）配合完成新招聘职工的合同与人事档案调转等工作的落实。

4. 职工绩效薪酬管理

（1）负责绩效管理指标体系的构建。

（2）管理并实施图书馆职工的绩效考核及结果落实工作。

（3）负责职工绩效薪资福利的核定工作。

5. 职业生涯规划

做好图书馆职工的职业生涯规划工作。

四、未来图书馆人力资源管理的发展趋势

20世纪90年代以后，随着信息技术应用的发展，网络化、数字化图书馆快速发展，因此未来的图书馆人力资源管理发展也应有如下发展趋势。

（一）未来的图书馆人力资源部

目前图书馆大多都没有独立的人力资源部门，而随着各行业对人力资源的重视，图书馆为了适应社会发展的需要，适应网络环境下对图书馆人力资源的需求，图书馆设立独立的人力资源部是未来发展的趋势。

未来图书馆人力资源部的职能，首先是为图书馆选、育人才，并建立

合理的薪酬绩效激励体系，为职工提供职业生涯规划路径。其次是为上级主管单位提供决策参考，为管理者提供服务。再次是以实现图书馆组织目标开展人力资源规划，组织各项人力资源活动。

未来图书馆人力资源部的发展趋势包括制度化管理趋势、专业化管理趋势、人性化管理趋势和国际化管理趋势。

1. 制度化管理趋势

科学的制度建设是未来组织发展的重要管理保障，建立科学的人力资源管理制度是实现图书馆高效、规范发展的重要措施。这些制度包括招聘管理制度、薪酬福利管理制度、绩效管理制度、晋升管理制度等。

2. 专业化管理趋势

随着人力资源管理专业化程度的提高，图书馆人力资源部的专业化水平要求也越来越高，因此未来的人力资源管理者要熟练掌握人力资源规划、招聘管理、薪酬管理、绩效管理、人才素质测评、职业生涯规划、人力资源开发、职工关系管理等，成为人力资源专业人才。

3. 人性化管理趋势

未来人力资源的重要特征是以人为本，尊重人的个性与权利。所以图书馆人力资源部的发展一定要进行人性化管理，充分调动职工的工作积极性、主动性与创造性，实现职工个人的全面发展。

4. 国际化管理趋势

经济全球化的发展，国际人力资源市场竞争日益严峻。因此，图书馆的人力资源流动和人才开发社会化、国际化也要求未来的人力资源管理必须具有国际化趋势，满足国际化的要求。

（二）未来的图书馆人力资源管理者

未来的图书馆人力资源部的发展趋势，必然要求人力资源管理者的角色进行重新定位。未来的图书馆人力资源管理者应包括以下五种角色。

1. 战略伙伴

人力资源管理者的战略伙伴角色是指人力资源管理者要积极参与组织

战略的制定和决策,提供基于战略的人力资源规划及系统的解决方案,以便于将人力资源纳入组织的战略与经营管理活动当中,使人力资源管理与组织的战略相结合。

2. 人力资源合作伙伴

人力资源业务合作伙伴即HRBP(Human Resources Bussiness Partner)。这一角色是伴随着人力资源部门职能分化和升级而出现的。

可以这样理解,HRBP是组织派驻到各个业务部门的人力资源管理者,他们是人力资源部与业务部门之间的沟通桥梁,他们树立起对业务部门的内部客户服务意识,为他们提供专业的人力资源解决方案。

对此,HRBP至少需承担以下职能。

(1)从HR视角出发参与业务部门管理工作。

(2)向人力资源部反馈HR措施、项目的进程及实施的有效性。

(3)为业务部门的发展提供人力资源咨询服务。

3. 专家顾问

专家顾问的角色是指人力资源管理者要学会运用专业知识和技能研究开发组织人力资源的产品和服务,为组织人力资源问题提供服务和咨询,以提高组织人力资源开发和管理的有效性。

4. 职工服务者

职工服务者的角色强调人力资源管理者要重视与本组织职工的沟通,及时了解职工需求和解释职工所关心的问题(开发新市场、扩建生产线和关闭厂房等),并为职工提供必要的支持,以提高职工对组织的满意度,增加职工对组织的忠诚度,真正筑起组织与职工之间的心理契约,起到组织和职工之间的桥梁作用。

5. 变革推动者

变革推动者的角色是指人力资源管理者主动参与组织的变革与创新,处理组织变革过程中的各种人力资源问题(并购与重组、组织裁员和业务流程再造等),并帮助提高职工对组织变革的适应能力,最终推动组织变革。

未来的图书馆人力资源管理者应具备快速适应环境的能力、良好处理人际关系的能力、推动变革的能力、引导和推动职工不断学习的能力、快速处理问题的能力和科学决策的能力。

（三）未来的图书馆馆员

随着信息技术、多媒体技术的飞速发展，未来图书馆不再单纯是藏书机构，而是人类科技文化信息服务中心和现代教育科技中心。图书馆的传统服务方式与管理模式也会随之发生变革。未来的图书馆馆员应成为信息管理者、信息提供者、信息传播者和信息利用的导航者以及信息教育工作者。

因此，未来的图书馆馆员应具备以下素质。

1. 较强的信息获取和处理能力

在网络环境下，图书馆馆员首先是信息的管理和加工者，所以应有强烈的信息获取意识和熟练的信息加工处理能力。对各种信息和指示要快速获取、储存、检索，并将其转化为有价值的产品，充分开发和利用纸质文献和电子资源。

2. 敏锐的信息反应和导航能力

在繁杂的各种信息中，图书馆馆员要有强烈的信息意识，利用现有的信息资源，把信息在最短的时间内传递给有需求的人，实现信息价值的最大化。

3. 超强的服务意识

图书馆工作的核心是服务读者，图书馆馆员必须加强服务意识，更新观念，树立读者至上的观念，形成图书馆馆员的职业素养之一。

4. 一定的创新意识

图书馆馆员应在工作中引进先进的技术，结合图书馆自身情况创新服务，并对图书馆管理做出创新性贡献。

5. 全面的知识能力

图书馆馆员不但要有图书馆学、情报学知识，还应有广博的学科专业知识和外语知识，同时，还应具备良好的计算机和网络运用知识。

6. 专业的学术研究能力

图书馆馆员应有专业的学术研究能力和方法，开展学术研究，如参加各种学术会议、撰写学术论文、参与科研项目等。

第二节 图书馆人力资源存在的问题与管理措施

一、图书馆人力管理存在的问题

图书馆人力资源目前主要存在的问题有专业技术知识不足、人员构成比例失调、人才流失严重和创新服务意识差等。

（一）专业技术知识不足

在图书馆的人才队伍中，人员知识结构相对单一，即懂图书馆管理专业的人员，对其他专业知识不够了解，而懂其他专业知识的人员又对图书馆管理的专业知识不够了解。馆员全面的知识结构是图书馆发展面临的重要问题。

随着计算机网络、多媒体技术的发展，这些技术逐渐被广泛应用于图书馆的经营管理中，并且图书馆的信息处理、服务项目和手段都因此发生了巨大的变化。图书馆馆员不仅需要具备图书馆情报方面的专业知识，还要有计算机操作、网络信息搜索、数字信息加工处理、新型信息检索工具的利用、数据库管理等方面的知识。

随着科学技术的发展，各学科专业都在快速发展，且逐渐细化，因此，对于图书馆馆员来说，必须也具备图书管理专业领域的知识，这样才能对专业信息进行加工处理，为客户提供高质量的信息服务。

（二）人员构成比例失调

一方面，图书馆中具有高学历、高职称人员数量明显不足，从而导致图书馆科研工作开展进程缓慢。另一方面，图书馆馆员在男女比例上失调也是很现实的问题，大多的图书馆中女馆员的比例都超过60%，因此，图书馆应有合理的男女比例配比,从而利于图书馆的进一步发展。另外,图书馆馆员在年龄结构上多是年纪偏大,年轻人相对较少,后继乏人是图书馆发展中的另一个问题。

(三)人才流失严重

图书馆因其社会定位的原因,效益一般。而人力资源大多会向效益好的单位流动,这样就导致了图书馆馆员流失,尤其是年轻馆员流失更为严重。许多新进入的大学生并没有把在图书馆的工作作为长期的发展目标,有些图书馆的业务骨干,也因为图书馆效益一般、待遇差而选择跳槽。

(四)创新服务意识差

图书馆馆员的主要职责是社会信息的处理和提供,一定要具备创新意识。但在实际的工作中,一些图书馆馆员不主动学习新知识、新理念,不接受新事物,造成服务意识跟不上时代发展的需要。

二、图书馆人力资源风险管理

图书馆人力资源风险是由于图书馆人力资源的特殊性和对图书馆人力资源管理不善而造成的用人不当,或人的作用未能有效发挥价值,或是人员流失,给组织造成的可能性风险。图书馆人力资源风险存在于图书馆人力资源管理的整个过程中。

(一)图书馆人力资源风险的类型

图书馆人力资源风险的类型可以从图书馆人力资源管理的内容和根据图书馆人力资源风险产生的原因来划分。

1. 根据图书馆人力资源管理的内容

根据图书馆人力资源管理的内容,可以把图书馆人力资源风险归为以下三类。

(1)招聘的风险。招聘风险主要是指图书馆人员招聘的供给、招聘标准制定的准确性、被聘人员的素质水平、招聘人员面试甄选的误差等。

(2)岗位配置风险。岗位配置风险是指未能将图书馆合适的人员配置在合适的岗位上的风险。这主要是因为岗位测评失误或其他因素影响等。

（3）绩效薪酬的风险。绩效薪酬的风险是指绩效、薪酬标准制定不公、评定存在误差等。

2. 根据图书馆人力资源风险产生的原因

根据图书馆人力资源风险产生的原因来划分，可以把图书馆人力资源风险划分为人力资源的人身风险和人员流失风险。

（1）人力资源的人身风险。人力资源的人身风险是指图书馆工作人员的疾病、伤残、死亡等风险。这些会对图书馆的经营产生一定的人力资源风险。这些大多是难以预防、人为无法控制的人力资源风险。但是个别风险可以通过加强职工的体育锻炼、定期体检等措施来降低。

（2）人员流失风险。随着事业单位人事制度的改革，人才竞争日益激烈，图书馆人才流失现象已经成为一种常态。一方面，图书馆新招聘的职工大多高学历，但在工作中可能专业能力不能得到很好地发挥，或是图书馆不能满足个人发展的需要。另一方面，这些高学历人才大多注重自我价值的实现，图书馆工作一般都是循规蹈矩、挑战性的工作不多，这样也会导致这些人才流失。

三、图书馆人力资源管理措施

基于图书馆人力资源存在的问题和风险，图书馆人力资源管理的措施主要包括以下几点。

（一）优化人力资源配置

图书馆优化人力资源配置是根据图书馆馆员的知识结构、专业特长及特点，制定人才配置使用方案，对图书馆的岗位人员进行合理的分工，做到人岗匹配、人事相宜，达到合理使用人才和人才增效的目的。

优化人力资源配置主要有以下三种措施。

1. 强化资格准入制度

图书馆人员实行资格准入制度是建立图书馆专业队伍，提升馆员整体素质的主要方法。图书馆是一个集多学科为一体的知识综合体，不仅需要图书馆学、情报学的专业人员，还需要其他具有专业学科背景的人员。

图书馆强化资格准入制度，制定合理的选人、用人和招聘制度，合理配置各个学科的专业人员，并加大公开招聘选拔和引进人才的力度，提升馆员的整体素质，优化图书馆人力资源配置。

2. 合理进行岗位设置与匹配

图书馆的岗位一般包括专业性岗位和辅助性岗位，专业性岗位承担图书馆的专业研究和管理职责，辅助性岗位承担图书馆日常服务工作。图书馆对岗位进行明确的设置，明确每个岗位的工作职责、任务标准、任职条件，可以使图书馆每位馆员能够达到人岗匹配，充分发挥个人的专业特长和潜能。同时，根据岗位人员的任职要求，可以做到能者上，庸者下，促使馆员发挥积极能动性。

3. 适时进行流动调整

图书馆岗位流动调整是人力资源配置的一个重要部分。目前很多图书馆馆员岗位是终身制，这种固定化的岗位分工，有利于图书馆工作的稳定，但也挫伤了年轻馆员的积极性，所以适时进行流动调整，可以丰富馆员的工作经验，有利于图书馆复合型人才的培养。

（二）建立科学的绩效考核机制

随着国家事业单位人事制度改革的进一步深入，图书馆也应逐渐建立以绩效制度为核心的人力资源管理。而建立科学的绩效考核制度是提升图书馆职工工作积极性、使其努力达到更好的工作业绩的重要内容。

图书馆的绩效考核制度中要明确各岗位的绩效考核指标、绩效任务标准、绩效考核的组织实施以及绩效结果应用。绩效考核最重要的就是客观、公平、公正，并且在绩效考核的实施中要做好沟通反馈工作。

（三）创新人力资源管理理念

图书馆人力资源管理是"以人为中心"的管理，就是要把图书馆馆员作为图书馆的主体，把人力资源作为图书馆发展的基础，其最根本的就是调动馆员的工作积极性,挖掘馆员的潜力,发挥馆员的创新精神,增强馆员的责任感、使命感和归属感。随着新技术的发展,人力资源管理理念必须随之发展与创新,为图书馆战略目标的实现发挥其应有的价值。

(四) 建立良好的激励机制

激励机制是通过各种手段激发人的潜能,使其在追求实现目标的过程中保持积极的情绪状态,达到预期的效果。图书馆对馆员的激励不但要采取物质激励的方式,还要采取精神激励的方式。因为图书馆馆员更渴望得到社会的尊重和自我价值的实现。

激励的目的是为了进一步提高图书馆馆员的工作积极性。但不同的人的需求会有不同,所以激励的方式也应有差别。图书馆在建立激励机制时考虑馆员的个体差异和需求动机,建立多样化、差异化的激励措施,才能达到更好的激励效果。

图书馆的激励一般可设置为荣誉激励、成就激励和薪酬激励三种。

1. *荣誉激励*

荣誉激励在操作中是把晋级、提升、评先进、选模范等联系起来,以一定的名义或形式实施,包括发放荣誉证书、会议表彰、上光荣榜、评选标兵等。

2. *成就激励*

成就激励是指图书馆职工在工作中取得了卓越的成绩,图书馆为表彰其成就而进行的激励。可以促使图书馆职工在工作中创造更优异的工作业绩。成就激励中因各岗位不同,所以需建立公平、透明的业绩成就比较平台,使成就激励切实可行。

3. *薪酬激励*

薪酬激励是通过合理的薪酬制度与薪酬结构设计,使激励性薪酬分配合理,激发图书馆职工的工作积极性、主动性与创造性的一种收入分配机制的功能实现。

薪酬激励可采用将图书馆薪酬分为保障性薪酬和激励性薪酬两部分的

方式来操作。保障性薪酬包括岗位工资、固定津贴/福利、社会保险等。激励性薪酬包括物质奖励、奖金、进修等。除此之外，也可以设置一些临时性的薪酬激励方式，如文体娱乐、旅游等。

第二章 图书馆人力资源管理体系

第一节 图书馆人力资源管理体系概述

一、图书馆人力资源管理体系概念

图书馆人力资源管理体系是指围绕图书馆人力资源管理的六大模块而建立起来的一套人事管理体系,包括招聘、绩效薪酬、素质测评、职业生涯规划等。

图书馆人力资源管理体系主要体现在人力资源战略、人力资源管理制度和人力资源运营三个方面。

二、图书馆人力资源体系设计步骤

(一)图书馆人力资源管理现状诊断

图书馆人力资源管理诊断是指通过对图书馆人力资源管理各个环节的运行、实施的实际状况和管理效果进行调查评估、分析人力资源管理工作特点、存在的问题,提出合理的改革方案等,开发和引导人力资源管理工作,提高管理效率。

图书馆需对自身人力资源管理现状进行盘点与诊断,了解图书馆人力资源现状,分析存在的问题和不足之处并提出改善方案,同时通过诊断结果分析确认现行人力资源的增值能力,做好管理规划,明确阶段性工作目标,实现人力资源价值最大化。

1. 人力资源管理现状诊断实施

人力资源管理现状诊断实施如下所示。

(1)现状调查:采用适合的调查方法对图书馆人力资源管理现状进

行调查。可以采用的调查方法有调查问卷法、量表调查法、面谈调查法、统计分析法、现场观察法、个案分析法、图像描绘法、德尔斐催化法等。

（2）现状诊断：对图书馆人力资源管理的现状进行诊断，以发现图书馆人力资源管理的状况及问题，诊断具体包括人力资源方针诊断、人力资源管理组织诊断、培训与开发诊断、考核管理诊断、人员任用与调配诊断、工资管理诊断、人际关系诊断等。

（3）诊断结果分析：对诊断的结果进行分析。主要包括明确人才发展与图书馆发展间的差距、人力资源规划开发与图书馆战略之间的差距、人力资源管理目前水平与存在的问题、各职能模块的具体问题与面临的挑战等。

（4）思路及对策：根据诊断分析的结果给出图书馆人力资源管理的思路及对策。包括正确认识自身的人力资源、把握正确的人力资源管理方向、全面掌握人力资源和图书馆管理的方式方法、各类问题解决与工作改善。

2. 现状调查方法运用说明

人力资源现状调查分析方法如下所示。

（1）问卷调查法。通过设计问卷来了解职工的意愿。问卷调查法实施注意以下五点。

①依不同的人力资源管理诊断目的，设计出调查对象不同、结构不同、调查内容不同的问卷。

②对调查结果进行加工、分析、核对后所提出的相应的改革措施，职工易于接受。

③先进行问卷设计，根据调查目的编制一套结构性问卷，回答人在不受干扰的条件下独立填写，在规定时间内收回，由调查人员汇总整理。

④问卷内容需问句贴切、用词正确、问题与调查目的一致。

⑤问卷回收率必须达到一定比例，要做问卷可信度分析。

问卷调查法是人力资源管理诊断常用、有效的方法之一。用于诊断图书馆运营状况和分析单个人力资源管理部门的管理效果。

（2）量表调查法。一种标准化的等级量表，通过组织测评、职工测评、自己测评等多种途径全面调查人员管理状况的方法。

量表调查法的优点是调查项目设计严格，调查的问题明确，被调查对象的意向选择比较规范，计量方法统一又合理，调查结果便于计量，便于比较分析。

（3）面谈调查法。诊断人员与少数人进行面谈，对人力资源管理乃至整个图书馆状况有较准确概念，对图书馆运转状况有较准确认识。

面谈调查法是人力资源管理诊断人员获取第一手资料的有效的方法。

（4）统计分析法。统计分析法是对人力资源管理部门的有关报表用数理统计方法分析综合。

统计分析法手段较客观，所得出数据也较有说服力，可以揭示某方面变动趋势。

（5）个案分析法。个案分析法是寻找和选择典型事件、典型人物、典型单位进行人员组织结构、发展规划和开发方面的研究。

个案分析法可独立自主地进行评定，保证充分发扬民主，并从多种角度摄取信息，防止评价的片面性。

（6）图像描绘法。图像描绘法是诊断人员将分析结果加以量化形成图像，让全体人员参观，听取诊断人员的解释和评论。

图像描绘法易于让职工理解，也较容易获得他们的支持。

（7）德尔斐催化法。德尔斐催化法是由诊断人员对图书馆有关方面获取数据或数据抽样，分析数据，做出带有几个探索主要方面问题的初步措施，将可供选择的处理观点制成一览表。

德尔斐催化法当步骤得到最大限度回答时，即可最后定稿，一览表要求对此提供反馈或不同意见。

3. 人力资源管理各阶段诊断实施要点

人力资源管理各阶段诊断实施要点说明如下所示。

（1）预备诊断实施要点

①编制预备诊断表。为初步收集图书馆人力资源工作资料设计预备诊断表的标准格式，图书馆有关工作人员正确、规范填写。

②组建诊断小组。根据图书馆状况、规模、诊断人员能力及人力资源部实际情况定，诊断人员、人力资源管理管理者和图书馆馆长都参加。

③收集内外资料。图书馆所属行业特点、面临的市场竞争和劳务市场状况等有关信息，人力资源部提供图书馆发展、组织机构、人力资源制度及运作全套资料。

（2）正式诊断实施要点

①综合调查。调查经营概况和人力资源部状况，了解面临的问题，制定详细的调查方向。可通过与领导人员、人力资源部经理和其他有关人员面谈获取信息。

②开始详细调查。根据人力资源工作的主要职责分类别、有重点地调查分析。主要是人力资源工作运作分析，事务、程序分析，有关报表统计分析等。

（3）总结阶段实施要点

①诊断人员讨论。对各人调查分析结果进行汇总、讨论、综合，协商改革方案。

②与图书馆管理者面谈。主要讨论改革方案的内容及构想，双方相互交换意见、反复讨论，使图书馆方面了解人力资源工作中的主要症结和变革方案，同时补充、修改方案的不完整部分。

③诊断报告编制与发表。汇总诊断结果，编写诊断报告书，举行诊断报告会，图书馆管理人员、全体职工和诊断人员共同参加，加深全体人员对变革方案的理解，促进人力资源改革的顺利实施。

（二）构建图书馆人力资源管理体系

为规范人力资源管理工作，营造良好图书馆氛围，实现人力资源优化配置，提升图书馆核心竞争力，图书馆需致力于建设适合图书馆现状与发展规划的人力资源管理体系，搭建人力资源基础管理平台。

1. 健全图书馆人力资源管理10大职能

按人力资源管理职能及日常事务，人力资源管理体系应包括如图2-1所示的内容模块。

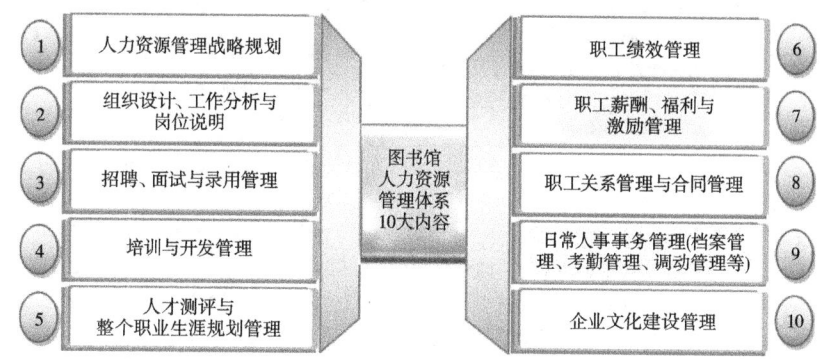

图2-1　人力资源管理体系10大内容模块

2. 人力资源管理体系构建实施

图书馆人力资源管理体系构建实施内容与成果体系文件，如下表2-1所示。

表2-1　图书馆人力资源管理体系构建实施与成果体系文件

体系构建内容	目的	成果文件体系
人力资源战略规划	●确保图书馆战略目标达成 ●确保人力提供，促进图书馆发展 ●指引人力资源管理方向 ●建立人才梯队模型	●《人力资源战略规划管理制度》 ●《人力资源需求分析报告》 ●《图书馆内外部人力资源供给分析报告》 ●《人力资源供需平衡方案》 ●《图书馆战略与人才梯队规划》
组织机构设计与完善	●确保图书馆战略的实施 ●建立可持续承载人才的载体 ●优化组织机构 ●提高运作效益	●《组织机构管理制度》，包括设计原则、设计规范、实施与监督、调整控制等 ●《组织机构图》，3年、5年、8年适用 ●《组织机构调整策略与实施细则》，包括调整原则、调整实施细则、关键人员调整策略等

续表

体系构建内容	目的	成果文件体系
部门职能梳理	●部门职能梳理清晰各部门所需具备的职能，确保部门做正确的事情，降低失误成本 ●最大限度地减少部门因职能模糊而存在的"扯皮"现象，降低运作成本	●《部门职能管理制度》，包括部门职能划分原则、职能文件化与规范、执行与监督、调整控制等 ●《部门职能明细》 ●《部门职能明细运用与落实办法》，包括推行办法、初次使用与修订等
岗位设置与职责描述	●清晰岗位所承担的职责，确保岗位的人员做正确的事情，降低失误成本 ●最大限度减少岗位人员因职责模糊而存在"扯皮"现象，降低运作成本	●《岗位设置与定编管理办法》《岗位架构图》 ●《岗位职责管理制度》《岗位说明书》 ●《岗位编号与管理办法》《岗位编号与人员编制一览表》 ●《岗位说明书的运用办法》 ●《岗位设置与编制的试行与修订》
职务权限体系设计	●适当授权，明确各职务权限，避免两极分化 ●提高管理效率，避免失误成本，控制浪费成本	●《权限管理制度》，包括授权及其原则、权限规范与文件化、权限监督与控制等 ●《人事管理权限表》《财务管理权限表》《业务管理权限表》 ●《权限规定试行办法》，包括权限知识与实用原则、权限模式、推行办法与修订等
工作分析与流程整改	●整改、优化工作流程 ●提高工作效率，降低运作成本	●《工作流程管理制度》，包括工作流程设定原则、流程标准化与改进、流程的执行与监控等 ●《工作流程执行办法》，包括工作流程知识、工作流程的优化与成本控制、新流程推行与修订 ●《工作流程图》
招聘录用机制设计	●建立科学实用的人才甄选与录用体系 ●明确招聘标准 ●建立科学的人才测评标准 ●提高招聘准确率，降低招聘成本	●《初步面试问题与答案分析》 ●《初步笔试问题与答案分析》 ●《各类岗位的专业技能测试》 ●《招聘管理制度》 ●《新职工试用与甄选管理制度》 ●《新职工入职流程图》 ●《职工见习/实习管理规定》 ●《面试测评手册》

续表

体系构建内容	目的	成果文件体系
岗位评价	●客观评价岗位的相对价值 ●引导图书馆的发展 ●平息猜疑心理 ●提供相对客观的"说法"	●《岗位评价操作办法》 ●《各岗位的评价标准》 ●《各岗位的评价结果》 ●《标准岗位等级表》
薪酬福利体系设计	●建立科学的薪酬体系 ●规范一个相对客观的薪酬标准 ●图书馆承担的薪资总额下降 ●平均个人所得薪资有上升	●《薪酬福利管理制度》 ●《岗位薪资标准与岗位名称对照表》 ●《薪酬调整策略与实施办法》
绩效管理体系设计	●建立"以绩效为导向"管理模式 ●降低运作成本,增加图书馆利润率	●《绩效考核管理制度》,包括绩效计划、绩效评估、绩效改善、考评结果应用等 ●《绩效考核推行办法》,包括绩效考核实施流程、绩效考核的试行与修订、绩效考核的推行等 ●《绩效考核计划表》
培训管理体系设计	●建立完整的培训开发管理体系 ●确保职工能力符合岗位要求,确保岗位绩效,降低失误成本 ●让人力资源管理完成从保障型向主动型转变,促进图书馆发展	●《培训管理制度》 ●《培训师资开发与管理制度》 ●《培训费用预算与控制》 ●《各类训管理实施细则》,包括入司培训、岗前培训、上岗作业培训、工作绩效改善培训、知识技能提升培训、调职与晋升培训等 ●《各类培训方式操作说明》,包括外派培训、内外部培训师内训、传/带/帮式实操训练、视频培训、阅读式培训、交流式培训等
职工晋升渠道设计	●规划职工发展空间 ●留住优秀人才并激励其上进 ●营造良好的人文环境 ●明确职工晋升流程 ●明确评估准则、晋升与淘汰标准	●《职工晋升管理制度》 ●《职工晋升操作指南》 ●《各岗位的职工晋升渠道规范》 ●《晋升要求与标准》
核心职工职业生涯规划	●规划核心职工的职业生涯 ●确保人才发展与图书馆发展的协调 ●明确核心职工的发展方向 ●激励核心职工引导图书馆发展	●《职业生涯手册》 ●《岗位轮换管理规定》 ●《人才接替规划与管理制度》 ●《核心职工职业生涯规划管理图》 ●《核心职工的职业生涯规划管理制度》

31

续表

体系构建内容	目的	成果文件体系
职工激励机制设计	●激发职工更高的工作热情，提高职工的自我管理能力 ●充分发挥职工的才能和创造性，提高工作效率 ●建立有效的激励机制，吸引人才	●《职工激励管理制度》 ●《规划型激励手册》，包括工作丰富化规定、决策参与管理规定、目标设置与绩效改善激励等 ●《需求型激励检索手册》，包括各种情形的激励原则、激励手段及其实施办法等
沟通体系设计	●沟通渠道建设，提高沟通效率，降低沟通成本 ●明确各岗位之间沟通内容与要求，避免互相猜疑，提高信息的共享度，减少重复工作的成本	●《内部沟通管理制度》 ●《各岗位的沟通/汇报途径规范表》 ●《各项工作的沟通/汇报的载体与主要内容》 ●《各主要项目的会议管理制度》

第二节 图书馆人力资源管理体系内容

一、图书馆人力资源战略规划体系

图书馆人力资源战略规划源于图书馆业战略规划。

人力资源战略规划有广义和狭义之分。广义的人力资源战略规划,是指根据组织的发展战略、目标及组织内外环境的变化,预测未来的组织任务和环境对组织的要求,以及为完成这些任务,满足这些要求而提供人力资源的过程。狭义的人力资源战略规划,是指对可能的人员需求、供给情况做出预测,并据此储备或减少相应的人力资源。

1. 图书馆人力资源战略规划是与图书馆的发展战略相匹配的人力资源总体规划,其制定是基于以下获得的信息来开展的。

(1) 图书馆人力资源信息调查和分析的结果。了解图书馆与人力资源相关的基本信息,比如:图书馆组织结构的设置状况、岗位的设置情况;图书馆现有职工的工作情况、劳动定额及劳动负荷情况;图书馆未来的发展目标及任务计划,生产因素的可能变动情况等。另外,还需对图书馆外在人力资源进行基本的调查分析,如劳动力市场的状况等。这些信息都是图书馆人力资源规划制定的基础。

(2) 图书馆人力资源需求和供给情况预测。即对图书馆的人力资源需求与供给情况进行预测。

2. 图书馆人力资源战略规划的内容。人力资源战略规划应主要阐明图书馆人力资源需求和配置的总框架,阐明人力资源管理的原则。具体包括人力资源数量规划、人力资源质量规划、人力资源结构规划等内容。

二、图书馆人力资源管理制度体系

图书馆如果没有完善的管理制度系统，是无法保障人力资源管理体系顺利运行的，所以，图书馆要建立适合图书馆自身发展和管理的人力资源管理制度。图书馆人力资源管理制度体系主要包括如表2-2所示的内容。

表2-2　图书馆人力资源管理制度体系内容

序号	职能事项	制度名称
1	工作分析与组织设计管理	工作分析实施细则
2	人力资源规划与计划管理	人力资源规划管理制度 人力资源供需预测办法 人力资源预算管理制度 人力资源计划实施细则
3	招聘管理	招聘调配管理工作制度 内部竞聘管理规定 网络招聘实施办法 猎头招聘实施规定 面试与录用管理 职工笔试管理制度 职工面试管理制度 职工录用管理制度
4	培训与开发管理	培训管理工作制度 培训预算控制办法 培训外包管理规定 培训项目评估办法 在职人员培训规定 职工外派培训制度
5	薪酬福利管理	薪酬激励管理制度 公司基本组织结构规定 职工福利管理制度 公司职务权限设计规程 职工奖金管理制度 岗位职级与任免管理制度 职工提薪管理办法 新职工核薪及升迁细则 兼职人职工资管理办法

续表

序号	职能事项	制度名称
6	绩效管理	绩效管理工作制度 绩效考核实施细则
7	劳动关系管理	劳动合同管理制度 新职工转正管理规定 劳动安全卫生管理办法 劳动争议处理管理规定 职工满意度管理制度
8	人事事务管理	职工日常行为规范 职工离职管理制度 人事档案管理规定 职工出差管理规定
9	人员测评管理	人员测评管理制度 测评方法选择规定
10	职业规划管理	职业生涯管理制度 职业发展通道规定

三、图书馆人力资源管理运营体系

图书馆人力资源运营体系的管理，主要包括图书馆人力资源管理组织与实施管理、人力资源管理改进两个方面。在人力资源管理运营管理的整理系统中，图书馆应按照规范的操作程序和运营标准开展工作。

1. 图书馆人力资源管理组织与实施管理

图书馆人力资源管理组织与实施管理，主要是对人力资源的各个业务模块的具体内容组织实际工作运营，并进行有效安排和管理。

2. 人力资源管理改进

在人力资源管理组织与实施管理中，应及时发现人力资源管理的问题，提出改进措施，并执行改进。

第三章 图书馆各岗位人员及岗位说明

第一节 图书馆岗位分析和岗位设置

一、图书馆的岗位分析

岗位分析也称职位分析、工作分析,它是现代人力资源管理所有职能工作的基础和前提。岗位分析就是对单位中某个特定工作职务的目的、任务或者职责、权力、隶属关系、工作条件、任职资格等相关信息进行收集与分析,以便对该职务的工作做出明确的规定,并确定完成该工作所需要的行为、条件、人员的过程。

(一)岗位分析的相关术语

微动作(micromation):工作最简单的单位是微动作,是指触及、抓起、安置或放下一个物体等一些非常基本的动作。

要素(element):要素是两个或两个以上微动作形成的集合,它是一个整体。要素是形成职责的基本单位和分析的基础,往往不直接体现在工作说明书中。

任务(task):一组工作要素的集合。任务是为了达到某个目的而结合在一起的工作要素集合,是岗位分析的基本单位。

责任(responsibility):为取得关键成果而完成的一系列相关联的任务集合。

职位(position):当职责与责任相关结合时就界定了一个职位,它是组织的基本构成单位。

工作(job):主要任务和责任相同的一组岗位的集合。

职业(occupation):一组相似的工作形成一种职业。

工作族（job family）：一组相似的职业构成了工作族。

（二）岗位分析的内容

岗位分析的内容取决于岗位分析的用途和目的，主要包括工作描述和任职资格要求。

1. 工作描述

工作描述是对具体某项工作基本信息的确定和描述，通常包括以下方面：

（1）工作岗位名称。工作岗位名称是指从事岗位的具体名称，通常用简洁准确的文字来说明本工作岗位的具体用途。

（2）工作岗位任务和工作内容。工作岗位任务和工作内容是指为完成工作岗位职责而开展的一系列活动和工作，主要包括岗位职责、任职者为完成其岗位职责而开展的工作活动、任职者需达到的岗位目标、任职者完成此岗位工作需达到的标准。

（3）岗位工作程序。岗位工作程序是指如何从事或要求如何从事该项工作，主要包括工作程序、规范和开展该工作所必备的硬件、软件。

（4）时间安排。工作岗位的时间安排主要包括一般工作时间的安排和该项工作所负责的工作每日、每周、每月的工作进程安排。

（5）工作环境。工作描述要全面地描述工作环境。工作环境包括自然环境和社会人文环境。自然环境包括地理位置、室内的温度、采光度、通风设备、安全措施等内容。社会人文环境包括单位内部各部门之间的关系、当地的社会经济状况、文化氛围等内容。

（6）岗位工作关系。岗位工作关系是指该岗位与单位内外的其他部门、组织之间的相互关系。主要包括纵向关系和横向关系。纵向关系是指负责该岗位工作的直接上级。横向关系是指需要与组织内外部的哪些部门、哪些人员取得联系。

2. 任职资格要求

任职资格要求是指胜任具体某项工作的人员必备的资格与条件，主要包括以下几方面：

（1）一般要求，主要包括年龄、学历、工作经验。

（2）能力要求，主要包括领导能力、组织沟通能力、计划能力、创新能力等。

（3）身体素质，主要包括身高、身体健康状况、力量大小等。

（三）岗位分析的作用

岗位分析是建立人力资源管理制度的基础，是各项人力资源管理工作的依据。岗位分析的作用主要包括以下五个方面。

1. 岗位分析是进行图书馆人力资源规划的重要依据

在面临不断变化的动态情况下，图书馆人力资源也需要适应这种变化，实现动态平衡。科学的人力资源管理规划对于图书馆适应这种变化、更好地生存和发展尤为重要。而岗位分析正是预测图书馆人力资源需求的基础，也是人员调任、晋升等活动的基础。

2. 岗位分析为图书馆招聘和选拔提供重要依据

图书馆实施招聘，就是要找到合适的应聘人员并将其放在合适的岗位上，从而达到人与岗位的最佳契合。岗位分析的结果能够提供具体岗位的工作内容、主要职责及任职资格条件等方面的信息，为图书馆的招聘与选拔提供重要依据，进而帮助招聘人员在对应聘人员进行面试和考评时，能有针对性地进行提问和测试，避免面试和评估的盲目性。

3. 岗位分析有助于明确图书馆培训的内容和目标

图书馆实施培训主要应围绕职工在工作中所需要的知识、技能、能力等方面展开，培训的主要目的是提高职工的工作技能，进而提高其工作效率和本单位的绩效。

根据岗位分析的结果编制的岗位说明书，明确了胜任该岗位所需的能力、技能要求等。图书馆可根据岗位说明书并结合职工自身特点、对其进行的阶段性考核结果等设计出有效的人员培训和开发方案。

4. 岗位分析是图书馆薪酬体系设计的基础

岗位分析是图书馆核定薪酬、设计薪酬体系的主要依据。通过了解具体岗位的工作内容、工作所需的知识、技巧与能力等因素，可以确定该项工作对图书馆的价值或重要性，进而设计图书馆的薪酬体系。

5. 岗位分析为图书馆绩效考核和管理提供依据

绩效考评的依据来源于岗位分析中得出的岗位职责、工作内容或工作行为规范等。若没有岗位分析，绩效考评就缺少了必要的依据。

（四）岗位分析的程序

岗位分析的程序主要包括岗位分析的准备阶段、实施阶段、完成阶段、反馈应用阶段。

1. 准备阶段

这阶段主要完成以下任务：

（1）确定岗位分析的目标和侧重点。岗位分析的目标直接决定了岗位分析的侧重点，决定了岗位分析过程中需获取哪些信息，以及用什么方法获得这些信息。考虑岗位分析时还要考虑所要做的岗位分析的精准程度。要选取具有代表性、典型性的岗位进行分析。

（2）制定总体实施方案。总体实施方案包括岗位分析的目的和意义、岗位分析所收集的信息内容、岗位分析项目的组织形式与实施者、岗位分析实施的步骤、岗位分析实施的时间和活动安排、岗位分析方法的选择、界定待分析的工作样本、所需的背景资料和配合工作、岗位分析所提供的结果。

（3）收集和分析有关背景资料。对岗位分析有参考价值的背景资料主要包括国家职业分类标准或国际职业分类标准、有关整个组织的信息（包括组织机构图、工作流程图、部门职能说明等）、现有的岗位说明或有关岗位描述的信息。

（4）确定所要收集的信息及收集信息的方法。确定要收集哪些信息，一方面，可以根据岗位分析的目标和侧重点，确定要收集哪些信息。另一方面，根据对现有资料的研究，找出一些需要重点调研的信息或需要进一步澄清的信息。收集信息的方法选择要考虑岗位分析要达到的目标，考虑所分析岗位的不同特点并考虑实际条件的限制。

（5）成立专门的岗位分析小组。岗位分析小组的成员一般由以下四类人员组成：一是单位的高层管理者，主要负责战略指导、总体领导、扫除障碍；二是人事处经理，主要负责实施方案的具体落实，获取高层和部门经理的支持；三是专业咨询顾问，主要负责设计相关工具并实施培训，提供技术支持；四是主要部门的经理，主要负责动员本部门人员的参与和配合，并提供和工作有关的信息和反馈意见。

2. 实施阶段

这阶段主要完成以下任务：

（1）与有关人员进行沟通。与参与岗位分析的有关人员进行沟通主要达到下列目的：让参与岗位分析的有关人员了解岗位分析的目的和意义；让参与岗位分析的人员了解岗位分析的大致时间和进度；让参与岗位分析的有关人员初步了解岗位分析可能会使用到的方法。

（2）制订具体的实施操作计划。在实施操作计划中，应该列出具体的、精确的时间表，具体到每个时间段的职责和任务是什么。

（3）实施收集与分析工作信息。实施收集与分析的工作信息主要包括岗位名称分析、岗位内容分析、岗位环境分析、岗位任职人员的必备条件分析。

3. 完成阶段

这阶段主要完成以下任务：

（1）与有关工作人员共同审查和确认工作信息。通过各种方法收集的有关工作的信息，必须同工作的任职人员及其上级主管进行审查、核对和确认，才能避免误差。

（2）形成岗位说明书。首先根据岗位分析规范和经过分析处理的信息草拟岗位说明书；将草拟的岗位说明书与实际工作进行对比；根据对比的结果决定是否需要进行再次调查研究,若需要,则对岗位说明书进行修饰,最后形成岗位说明书。岗位说明书的编写,将在后面进行详细说明。

4. 反馈应用阶段

岗位分析的结果可以应用于岗位分类、岗位说明书编写、人力资源规划、人员招聘与配置等各项人力资源工作中。一般来说,岗位分析结果的应用都不是独立进行的,而是在不同的工作之间互相联系、互相支撑。在岗位分析的应用过程中,岗位分析人员应及时收集反馈信息,通过分析和检查,对岗位说明书做出必要的调整。

(五) 岗位分析的方法

1. 关键事件法

关键事件法(Critical Incidents Technique,CIT)是由美国学者弗拉纳根和巴拉斯在1954年提出的,是一种由岗位分析专家、管理者或工作人员在大量收集与工作相关信息的基础上详细记录其中的关键事件,并具体分析其岗位特征、要求的方法。一般适用于对职工较多或者岗位工作内容过于繁杂的岗位进行的调查。

(1) 关键事件法的优缺点。关键事件法的主要优点是将焦点集中在工作行为上,这些行为是可观察、可测量的。它为解释绩效评估结果提供了确切的事实证据,可克服评价的近因效应的影响,能够记录职工如何消除不良绩效。这个方法存在着两个重要缺点:第一,费时,需要花大量的时间去搜集那些关键事件,并加以概括和分类;第二,关键事件是显著的、对工作绩效有效或无效的事件,遗漏了平均绩效水平,而对工作来说,最重要的一点就是要描述平均的职务绩效。

(2) 关键事件法的操作程序。运用关键事件法进行岗位分析,通常有以下步骤:①识别关键事件。通过访谈和工作会议的形式从管理人员、部门主管、岗位任职者和其他相关人员那里获取关键事件。一般关键事件都具有两个特征:事件所产生的个人绩效和组织绩效具有内在的必然联系；事件关注的是达成绩效和组织目标过程中的行为及结果。②记录信息。需要记录的信息有：导致该关键事件发生的前提条件；导致该事件发生的直接和间接原因；关键事件的发生过程和背景；职工在关键事件中的行为表现；关键事件发生后的结果；职工控制和把握关键事件的能力。③形成研究分析报告。对获得的信息进行分析汇总，进而达到岗位分析的目的。

在运用关键事件法进行岗位分析时，通常需要注意调查期限不宜过短，关键事件的数量应足够说明问题，事件数量不能太少，正反两方面的事件都要兼顾，不得有偏颇。

2. 观察法

观察法是指岗位分析人员到现场去观察岗位任职人员的实际工作情况，通过观察，将有关工作的内容、方法、程序、设备、工作环境等信息记录下来，最后将取得的信息归纳整理为适合使用的结果的过程。

观察法是最早的岗位分析方法之一，一般适用于外表特征较明显的工作岗位，如生产线上工人的工作；不适用于具有实践创新性质的工作岗位，如软件开发工程的工作。

（1）观察法的类别。根据不同观察对象的工作周期和工作突发性的不同，观察法可分为直接观察法、阶段观察法和工作表演法。

（2）观察法的实施程序。首先，检查现有文件，形成工作的总体概念，包括工作的主要职责、任务以及工作流程；准备一个初步的观察任务清单，作为观察的框架；为数据收集过程中涉及的还不清楚的主要项目做注释；在部门主管的协助下，对职工的工作进行观察，并要适时地做记录，并根据观察情况，选择一个主管或有经验的职工进行面谈。其次，合并工作信息，检查最初的任务或问题清单，确保每一项都已经被回答或确认；进行信息的合并，即把所收集到的各种信息合并为一个综合的工作描述，在合并阶段，岗位分析人员应该随时收集补充材料。最后，核实工作描述，把工作描述分发给主管和工作的承担者，并附上反馈意见表；再根据反馈意见表，检查整个工作描述，并对模糊和错误的地方做出标记，召集所有观察对象，进行面谈，补充工作描述的遗漏，形成完整和精确的工作描述。

在运用观察法进行岗位分析时，需注意所观察的工作行为应具有代表性，稳定性强；观察人员在观察时尽量不要引起被观察者的注意；观察前要确定观察位置和提纲；观察时记录的信息应反映工作有关内容，避免机械记录；在使用观察法时，可以事先将岗位分析人员用适当的方法介绍给职工，使之能够被职工接受。

3. 访谈法

访谈法又称面谈法，是应用最广泛的一种岗位分析方法，是指岗位分析人员就某一岗位与访谈对象，按事先拟定好的访谈提纲进行面对面交流和讨论来收集岗位信息的一种方法。此方法一般不用于单独收集信息，而是和其他方法一起使用。

（1）访谈法的形式。根据不同的划分标准，访谈法的形式也不同。

根据访谈对象的多寡和层次不同，访谈法可分为个别职工访谈法、集体访谈法和主管人员访谈法。个别职工访谈法是指对访谈对象进行单独访谈，主要适用于工作差异较大的岗位且分析时间较为充足的情况。集体访谈法是指通过集体座谈或集体回答问题的方式收集资料的一种访谈法，主要适用于工作性质比较相近的情况。主管人员访谈法是指岗位分析人员同某一岗位任职者的直接上级领导进行面谈而收集工作岗位信息的一种访谈法。

根据访谈结构化程度的不同，访谈法可分为结构化访谈、非结构化访谈和半结构化访谈。结构化访谈又称标准化访谈，指的是岗位分析人员按照固定化的程序，对特定岗位采用相同的问卷所进行的访谈。非结构化访谈也称非引导性访谈，指的是岗位分析人员根据工作岗位的基本情况与访谈对象进行自由交谈的过程。半结构化访谈是介于结构化访谈和非结构化访谈之间的一种形式，指是访谈的内容作统一的要求，有的内容则不做统一的规定，也就是在结构化访谈的基础上，岗位分析人员向访谈对象又提出一些随机性的问题。

（2）访谈法的优缺点。访谈法的优点主要有可对工作态度与工作动机等较深层次的内容进行比较详细的了解；运用面广，能够简单而迅速地收集多方面的岗位分析资料；由任职人员亲自讲述工作内容，所收集的信息应具体、准确，有助于管理者发现问题。但这个方法也存在着缺点：访谈法有专门的技巧，需要进行培训，对岗位分析人员的能力要求较高；访谈法容易被职工认为是对其工作业绩的考核，所以会夸大或弱化某些职责；比较费口舌和时间，工作成本较高；易受个人主观因素的影响，使收集到的信息存在偏差。

4. 工作日志法

工作日志法，也称工作写实法，是指任职人员按照时间顺序详细记录本职工作的内容，岗位分析人员根据其记录的内容加以归纳总结，从而得到岗位分析的相关信息的方法。工作日志法适用于工作循环周期较短、工作状态稳定、无大的起伏的工作。

（1）工作日志法的优缺点。工作日志法的优点是，信息可靠性高，能够很好地确定有关工作关系、劳动强度等方面的内容；对高技术难度或较为复杂的岗位分析经济、有效。但也存在缺点，工作日志内容的真实性很难保证，而且整理信息工作量大，归纳总结工作烦琐。

（2）工作日志法的实施程序。运用工作日志法进行岗位分析，通常有以下步骤：①准备阶段。准备阶段的工作包括表单设计、目标定位、培训相关人员和确定填写周期四个环节。其中目标定位是指根据目标任职者的多少决定选择哪些任职者作为考察对象。②日志填写阶段。任职者按照填写要求，在规定的时间内填写工作日志表。单位通过中期讲解、阶段成果分析、岗位分析交流会等方法进行过程监控，督促被调查对象保质保量地填写好工作日志。③信息分析整理阶段。岗位分析人员在确定的时间收回工作日志表后对信息进行分析与整理，包括提炼工作活动、工作职责描述、工作任务性质描述、工作联系、工作地点描述及工作时间描述等内容。

5. 问卷调查法

问卷调查法是根据岗位分析的目的、内容等，事先设计出一套关于工作岗位的问卷，由被调查者填写，再将问卷加以汇总，从中找出有代表性的回答，对工作岗位相关信息进行描述的一种方法。

利用问卷调查法进行岗位分析，其关键环节是设计问卷。设计问卷是一项非常专业的工作，必须将需要获得信息转化为简单明确的问题。

（1）确定问卷的形式。根据调查问卷的题目，调查问卷分为开放型问卷、封闭型问卷和混合型问卷。开放型问卷是指设计的问卷只有问题而没有给出备选的答案，由被调查人根据自己的判断，自由地回答所提出的问题。封闭型问卷是指调查人员先设计好所要调查问题的备选答案，被调查人在其中选择合适的答案即可。混合型问卷是指将封闭型问卷与开放型问卷有机地结合，其问题既包括开放型问题也包括封闭型问题。

（2）问题的描述与排序。问题描述是问题设计的关键，问题描述清晰能让被调查者理解问卷调查的意图，进而提供更准确的工作岗位信息。同时，问题的排序也是一个不容忽视的环节。具体要求如下：

①提问要准确，语言通俗易懂。问题、备选答案的设计要准确，避免晦涩难懂的文字或词语。

②问题不可模棱两可。问题的设计除了要准确外，还须注意文字表达清晰、简洁，让被调查者很容易明白所要回答的问题。

③避免诱导性的问题。设计问卷时，要避免设计带有倾向性、诱导性的问题，例如，"大多数职工认为，该岗位需要1~2年的工作经验，您是这样认为的吗？"等。

③问题的排列次序。问题排序涉及整个调查问卷的结构，是调查问卷设计的重要环节。对各种类型和性质的问题予以恰当的排列组合，既便于被调查者填写问卷，又便于调查人员整理分析资料。一般来说，问题排序遵循先熟后生、先易后难、先松后紧、先客后主的原则。

二、图书馆的岗位设置

图书馆根据其社会功能、职责任务和工作需要设置的工作岗位,应具有明确的岗位名称、职责任务、工作标准和任职条件。

图书馆要按照科学合理、精简高效的原则进行岗位设置,坚持按需设岗、竞聘上岗、按岗聘用、合同管理。

(一) 图书馆岗位类别

图书馆岗位划分为如图 3-1 所示的三大类别。

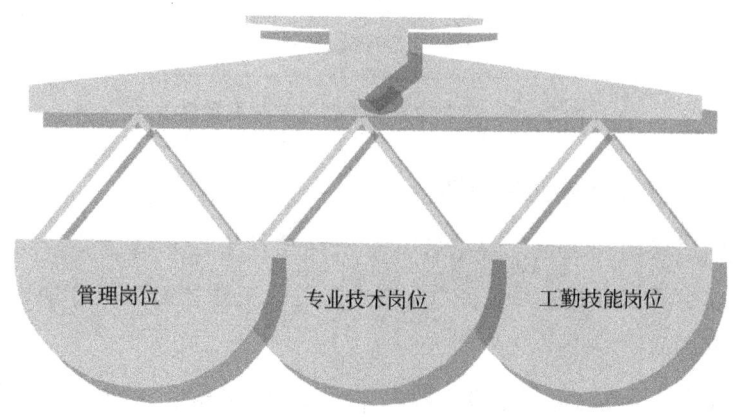

图 3-1 图书馆岗位类别

除上述三类岗位外,图书馆还可以根据自身的发展和工作需要,经批准,设置特设岗位,要用于聘用急需的高层次人才等特殊需要。特设岗位是图书馆的非常设岗位,不受图书馆岗位总量、最高等级和结构比例的限制,在完成工作任务后,按照管理权限可以核销,实质上是属于管理岗位、专业技术岗位和工勤技能岗位中的一种。

在图书馆的日常运营中,管理岗位、专业技术岗位和工勤技能岗位承担不同的工作职责和内容,因此,其设置要求也是不同的。图书馆各类岗位的界定和设置要求如图 3-2 所示。

管理岗位	1. 管理岗位指担负领导职责或管理任务的工作岗位 2. 管理岗位的设置要适应增强单位运转效能、提高工作效率、提升管理水平的需要
专业技术岗位	1. 专业技术岗位指从事专业技术工作，具有相应专业技术水平和能力要求的工作岗位 2. 专业技术岗位的设置要符合专业技术工作的规律和特点，适应发展社会公益事业与提高专业水平的需要
工勤技能岗位	1. 工勤技能岗位指承担技能操作和维护、后勤保障、服务等职责的工作岗位 2. 工勤技能岗位的设置要适应提高操作维护技能，提升服务水平的要求，满足单位业务工作的实际需要 3. 鼓励图书馆后勤服务社会化，已经实现社会化服务的一般性劳务工作，不再设置相应的工勤技能岗位

图3-2 图书馆岗位类别界定与设置要求

（二）图书馆岗位等级划分

根据国家相关规定，再结合本单位岗位性质、职责任务和任职条件等，可以对图书馆管理岗位、专业技术岗位、工勤技能岗位分别划分通用的岗位等级。

管理岗位分为10个等级，即一至十级职员岗位。专业技术岗位分为13个等级，包括高级岗位、中级岗位和初级岗位。工勤技能岗位包括技术工岗位和普通工岗位，其中技术工岗位分为5个等级，即一至五级。普通工岗位不分等级。具体内容如表3-1所示。

表 3-1　图书馆岗位等级表

管理岗位	专业技术岗位		工勤技能岗位	
一级	高级	一级	技术工	一级
二级		二级		二级
三级		三级		三级
四级		四级		四级
五级		五级		五级
六级		六级	普通工	
七级		七级		
八级	中级	八级		
九级		九级		
十级		十级		
	初级	十一级		
		十二级		
		十三级		

（三）图书馆岗位结构比例

根据图书馆的社会功能、职责任务、工作性质和人员结构特点等因素，综合确定图书馆管理岗位、专业技术岗位、工勤技能岗位总量的结构比例。

图书馆三类岗位的结构比例控制标准如图 3-3 所示。

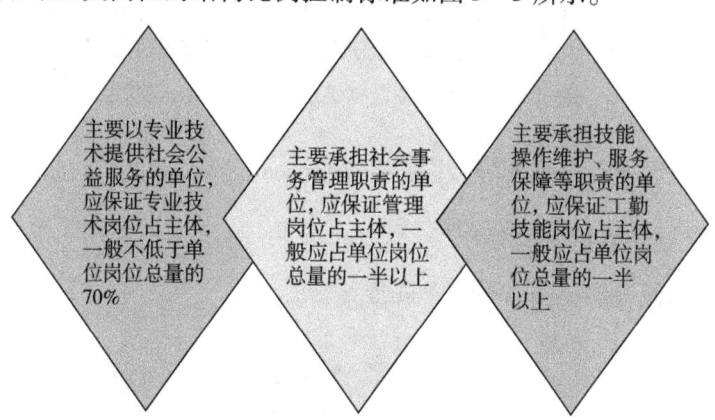

图 3-3　图书馆三类岗位总量的结构比例控制标准

(四) 图书馆岗位最高等级控制

图书馆的岗位最高等级控制是指在政府人事行政部门和主管部门依据有关政策，对图书馆可设立的管理岗位、专业技术岗位、工勤技能岗位的最高等级进行限制性的规定。

进行岗位最高等级控制，一方面体现了不同类型、不同层级图书馆的特点，另一方面也是政府加强对图书馆的人事监管、提高公共支出社会效益的客观需要。对其三类别岗位的相关规定如图3-4所示。

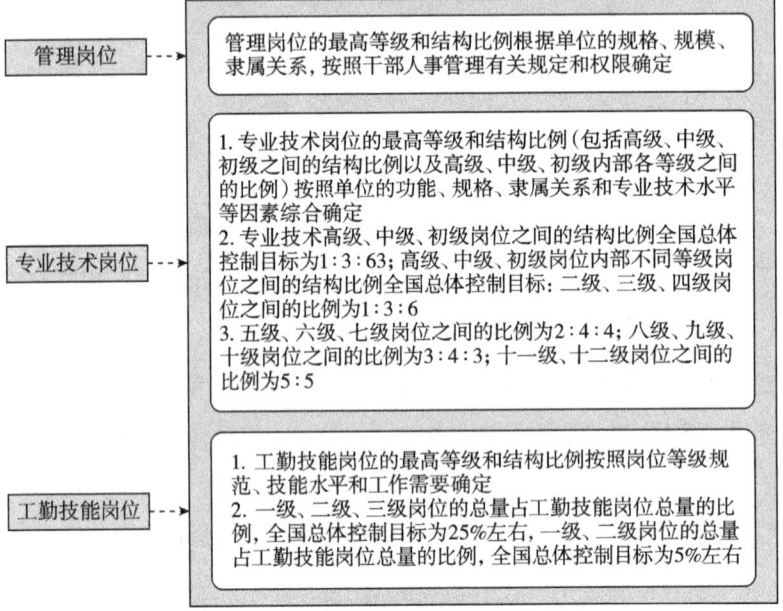

图3-4　图书馆三类别岗位最高等级控制与结构比例控制说明

(五) 图书馆岗位设置程序及权限

1. 图书馆岗位设置程序

图书馆设置岗位按以下程序进行。

第三章 图书馆各岗位人员及岗位说明

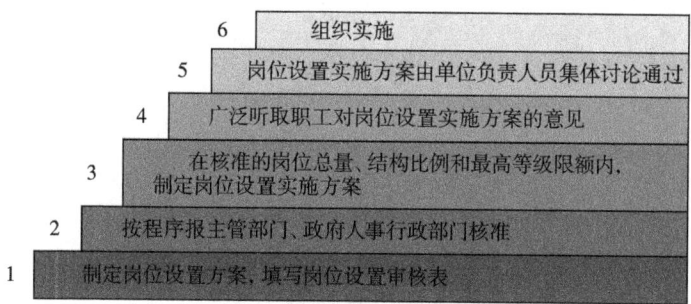

图3-5 图书馆岗位设置程序

2. 相关权限说明

国务院直属事业单位的岗位设置方案报人事部核准。国务院各部门所属事业单位的岗位设置方案经主管部门审核后，报人事部备案。

各省、自治区、直辖市政府直属事业单位的岗位设置方案报本地区人事厅（局）核准。各省、自治区、直辖市政府部门所属事业单位的岗位设置方案经主管部门审核后，报本地区人事厅（局）核准。

地（市）、县（市）政府所属事业单位的岗位设置方案经主管部门审核后，按程序报地区或设区的市政府人事行政部门核准。

第二节　图书馆岗位说明书

一、图书馆岗位说明书概述

(一) 岗位说明书的含义

图书馆的岗位说明书是对图书馆中各类岗位的性质和特征、工作任务、职责权限、岗位关系、劳动条件和环境，以及承担本岗位工作人员的任职资格条件等事项所做的的统一规定。作为一种书面文件，它上面记载着任职者实际上做什么、如何去做以及在什么条件下完成其工作。它并没有固定的格式，通常包括以下内容。

1. 岗位定义。岗位定义包括岗位名称、归属部门、岗位分析的时间等。

2. 定义岗位的目的。定义岗位的目的是确定这项工作存在的理由、与其他岗位及组织的关系、绩效标准等。

3. 岗位说明。岗位说明包括明确工作的主要职责、工作任务、受监督程度、职工行为的界限和工作条件等内容。

(二) 岗位说明书的作用

科学、合理的岗位说明书不但有利于图书馆明确各部门、各岗位的职责，有利于职工清楚地知道自己需要做什么、应该做什么，有效地解决任务重叠、相互推诿、责任不清等问题，而且方便了人事部门的招聘和培训工作，以及有利于管理者的决策的制定。

岗位说明书主要有以下四个方面的作用。

1. 让职工清楚地了解工作概要。

2. 建立工作程序和工作标准。

3. 阐明工作任务、责任与职权。

4. 为职工聘用、考核、培训等提供依据。

(三) 岗位说明书的内容

岗位说明书包括工作描述和工作规范两部分内容。

1. 工作描述

工作描述又称职务描述，是对图书馆中各类岗位的工作性质、岗位职责、工作任务与工作环境等所做的规定，用来说明任职者应该做什么、怎么做以及在什么条件下去做的一种书面文件。主要包括下面两个内容。

（1）岗位基本信息。岗位基本信息包括岗位名称、部门、汇报关系、岗位编号、职务等级等。

（2）工作说明。工作说明主要包括以下六个方面。

①职务概述。职务概述又称岗位综述，用于描述岗位的整体性质。

②岗位职责和权限。说明任职人员须完成的工作任务、承担的责任、岗位权限范围等。

③岗位绩效标准。说明图书馆期望此岗位的职工完成工作任务时须达到的标准。

④工作联系。工作联系用于说明任职人员与图书馆内部或外部人员之间因工作关系所发生的联系。

⑤机器设备及其他。指岗位任职人员在工作过程中必备的办公用品及设备。

⑥工作条件和环境。工作条件和环境包括工作地点、光照度、有无噪声干扰、工作中有无危险作业等。

2. 工作规范

工作规范也称岗位规范或任职资格，是指该职务的人员在教育水平、工作经验等方面应具备的资格和条件。主要内容包括以下五个方面。

（1）教育水平。教育水平指本岗位的任职人员应具备的知识和水平。

具体包括三个方面：学历水平，明确任职人员必须具备的最低学历；学习专业，明确任职人员的专业范畴和方向；资格证书，明确任职人员必须拥有的与工作相关的专业资格证书。

（2）工作经验。工作经验包括行业工作经验和岗位工作经验。行业工作经验是指任职人员在该行业的工作年限。岗位工作经验是指任职人员必须具备的同岗位工作年限。

（3）必备知识与技能。必备知识与技能包括任职于某岗位所需要的专业知识与技能水平。专业知识是指任职人员必须具备的、胜任岗位所需要的专业知识。技能水平是指从事该岗位应具备的基本技能和能力。

（4）身体状况。身体状况包括身体素质和心理素质两方面。身体素质包括身高、体重、身体健康状况等。心理素质包括观察能力、记忆能力、理解能力、学习能力、解决问题能力、语言表达能力、逻辑思维能力、兴趣、爱好等。

（5）个性特质要求。个性特质是指从事该岗位通常需要从业人员具备的性格特征。

二、图书馆岗位说明书编制

（一）岗位说明书编制步骤

编制岗位说明书是岗位分析的直接结果。岗位说明书由起草、修改到形成主要有以下6个步骤。

1. 做好前期的宣传动员工作

在开展岗位说明书的编写工作之前，人事处应和图书馆高层领导进行沟通，让他们产生建立岗位责任制的意识。在编写过程中，各部门应积极配合人事处的工作，以便共同完成岗位说明书的编写。

2. 明确岗位说明书的内容

岗位说明书由工作描述和工作规范两部分组成。工作描述是对有关岗位工作职责、工作内容、工作条件以及工作环境等工作自身特性所进行的书面描述。工作规范是描述岗位对任职者的知识、能力、品格、教育背景和工作经历等方面的要求。

3. 明确岗位说明书的编写要求

岗位说明书的编写需符合以下要求。

（1）逻辑性。岗位说明书中包含多项内容，应注意它们之间的先后顺序、重要程度等。

（2）准确性。清楚说明该岗位的工作情况，描述用语准确，避免使用意思笼统或含糊不清的语言。

（3）实用性。岗位说明书必须客观、真实地反映岗位职责和任职条件。

4. 收集工作岗位的相关信息

一般来说，获取工作岗位信息的主要渠道是了解图书馆已有管理制度、与图书馆内部工作人员沟通和有选择地参考其他图书馆的岗位说明书。

5. 处理工作岗位信息

在这一阶段，岗位分析人员对收集的信息进行处理，筛选出岗位说明书编制所需内容。针对遇到的问题，应和相应岗位的工作人员或其上级进行沟通，以保证内容的准确性。

6. 编写岗位说明书

岗位分析人员根据所收集整理的信息，从工作职责、工作权限、工作关系及岗位任职资格等方面来完成岗位说明书的编写工作。

（二）岗位说明书的编写

1. 岗位名称和上下级关系的编写

岗位名称要统一，要确保岗位名称与前一部分"岗位设置"中的名称一致。每个岗位只能有唯一的一个上级，不能有多个上级，但可以有多个下级，在填写下属人员一栏的内容时，还要注明是直接领导还是间接领导。

2. 职务概述

职务概述是用简明的话语对某一岗位的总体工作职责和工作性质进行的简要说明，表明该岗位的特点和工作的概况。

3. 岗位目的

在"岗位目的"一栏中，主要是说明设置这个岗位的目的及完成该岗位的工作对实现组织战略和目标的意义。

4. 岗位职责

每个岗位的责任范围应根据本岗位所在的部门或单位的职能分解来确定。每个岗位的工作职责按照负责程度的大小可分为全责、部分、支持三种。全责是指本岗位对该项任务负全部责任。部分是指本岗位对该项任务只负一部分责任。支持是指本岗位对该项任务负支持或保障的责任。

5. 内外部沟通关系

在岗位说明书中，要明确本岗位在图书馆内外部的沟通关系。在图书馆内部要明确它与图书馆内部其他岗位的沟通关系，如与上级、平级之间的沟通关系。在图书馆外部要明确它与社会上的其他单位的沟通关系，如与相关政府部门、关联单位、客户单位、社会团体、学术单位等的关系。

6. 建议考核内容

除要明确本岗位的责任范围和责任程度外，还要明确某一项责任的建议考核内容。针对某项责任的考核内容一般规定为 2~3 项，而且尽量选择较容易量化的指标。

7. 任职资格和条件

任职资格与条件主要从受教育程度、知识水平、工作能力和专业技能、工作经验等方面来撰写，如在所受教育程度一栏，应注明最低学历要求与最佳学历要求。

(三) 岗位说明书编写的问题

岗位说明书在编写时，通常存在以下问题。

1. 单纯地为编写而编写

单位只关注岗位说明书的有无，使得岗位说明书的编写流程不清、职工操作困难。

2. 未开展专业培训

单位未对编写人员进行专业的技术培训，造成编写出来的岗位说明书存在大量表述不清的情况，如笼统地使用"负责、协助、提高"等模糊概念的词语。

3. 对编写工作认识不到位

编写人员在编写岗位说明书前未对各岗位人员进行沟通，也未让其参与，各岗位人员对编写工作的支持程度较弱。

4. 定位不准确

岗位说明书只定位于岗位职责，不能全面地反映工作经验要求、工作能力要求、工作技能要求等相关信息。

5. 职责与任务交叉

未明确或不清楚职责与任务交叉的具体工作，造成岗位说明书中工作岗位职责不清，上级较多。

6. 脱离实际

对单位当前的运营状况等未进行详细分析，脱离单位实际情况，造成岗位说明书无法得到具体应用。

三、图书馆馆长岗位说明书

单位名称（盖章）：××图书馆		编写日期： 　　　年　　月　　日	
岗位名称	馆长	工作部门	
岗位类别	管理岗位	岗位等级	
工作描述			
工作概述	统筹规划全馆行政、业务工作，负责对各部室的行政业务领导		
岗位职责	1. 贯彻执行党的路线、方针、政策，执行国家有关文化事业和图书馆的法规，完成上级主管部门布置的工作目标任务 2. 组织制定图书馆的发展规划、工作计划、经费预算及规章制度，并组织实施 3. 指导藏书建设工作，决定期刊资料、数据库、应用软件及高额图书等的订购，规划、审核全馆各项经费的开支 4. 运用科学的管理方法，了解读者对本馆的意见和要求，提高现代化图书馆的科学管理水平，逐步使各项业务工作规范化、系统化、现代化 5. 经常听取各部门的工作汇报，总结经验，并加强工作指导和检查，不断改进工作质量 6. 召集和主持全馆大会、馆务会议，决定图书馆业务和行政管理工作中的重要问题 7. 全馆馆员队伍的建设，如职工培训、考核聘用、辞退、调资和职称评定等各项人事工作 8. 领导学术研究和交流工作，处理对外工作中的重要事务 9. 负责全馆消防、防盗等安全工作		
资格要求			
任职条件	1. 图书馆学及相关专业硕士及以上学历 2. 副高级及以上职称 3. 至少有5年以上的图书馆管理工作经历、熟悉文化政策及图书馆学科的发展动态		

四、图书馆业务副馆长岗位说明书

单位名称（盖章）：××图书馆　　　　编写日期：_____年___月___日

岗位名称	业务副馆长	工作部门	
岗位类别	管理岗位	岗位等级	

工作描述	
工作概述	协助馆长主管全馆业务的规划、指导、督促及检查工作，并对馆长负责
岗位职责	1. 主持制定图书馆事业发展规划及有关业务工作方面的规章制度、工作细则、原则办法等 2. 协助馆长负责主持研究、决策馆内有关业务的建设和改革工作，并组织解决业务工作中出现的疑难问题 3. 领导全馆学术、业务研究，主持学术评审委员会工作 4. 承担图书馆的对外学术、业务交流工作 5. 负责图书馆对外有关业务资料的审定工作 6. 负责全馆职称评聘工作及专业技术岗位的核准工作 7. 负责全馆社会办学的策划、决策、监督、指导工作 8. 完成馆长交办的其他工作

资格要求	
任职条件	1. 图书馆学及相关专业本科及以上学历 2. 副高级及以上职称 3. 至少有3年以上的图书馆管理工作经历、熟悉文化政策及图书馆学科的发展动态 4. 具备优秀的社会活动能力，出色的组织和协调能力，服务意识强，管理能力突出

五、图书馆采编部主任岗位说明书

单位名称（盖章）：××图书馆　　　编写日期：_____年___月___日

岗位名称	采编部主任	所在部门	采编部
岗位类别	管理岗位	岗位等级	

工作描述	
工作概述	主持开展采编部的日常工作，协调好各业务环节
岗位职责	1. 负责主持本部的业务工作和思想政治工作 2. 负责全馆中外文图书采访计划的制定和实施 2. 组织人员做好全馆中、外文普通图书、古籍、音像、电子出版物、缩微资料的采购 3. 组织编目工作；对全馆中外文图书的编目业务流程进行管理、监督、指导 4. 掌握和合理使用全馆出刊采购经费 5. 对本部门的各项业务工作进行协调、督促、检查、审核，保证工作正常开展 6. 负责本部门成员的岗位职责的落实和业绩考核 7. 贯彻执行图书馆的各项决议和完成图书馆下达的各项任务 8. 完成馆领导交办的其他工作

资格要求	
任职条件	1. 精通图书馆采编部各岗位的业务 2. 具有3年以上省级、大城市或高校图书情报部门负责人工作经历 3. 有较强的部门管理能力

六、图书馆阅览部主任岗位说明书

单位名称（盖章）：××图书馆　　　编写日期：＿＿＿＿年＿＿月＿＿日

岗位名称	阅览部主任	所在部门	阅览部
岗位类别	管理岗位	岗位等级	

工作描述	
工作概述	主持开展阅览部的日常工作，协调好各业务环节
岗位职责	1. 负责主持本部的业务工作和思想政治工作 2. 贯彻党的方针、政策和上级关于图书馆工作的政策、法规，执行本馆各项规章制度和本部门工作细则，及时处理执行中的问题 3. 负责主持本部门工作，制订工作计划，具体组织实施，定期总结工作，并向部门工作人员和馆长报告 4. 定期主持召开部务会议，及时传达落实馆领导对本部门工作的要求，研究解决本部门的业务、行政管理中的问题 5. 负责本部门工作人员的聘任填表本部门的业务报表、考勤表，管理业务档案 6. 负责本部门工作人员的管理使用和考核，组织工作人员学习政治、业务、文化知识。积极促进人才的成长和工作水平的提高 7. 负责本部门的安全保卫工作 8. 贯彻执行图书馆的各项决议和完成图书馆下达的各项任务 9. 完成馆领导交办的其他工作

资格要求	
任职条件	1. 图书馆学及相关专业本科及以上学历 2. 具有 3 年以上相关工作经历 3. 具有一定的组织能力和沟通能力

七、图书馆报刊部馆员岗位说明书

单位名称（盖章）：××图书馆		编写日期： 年 月 日	
岗位名称	馆员	所在部门	报刊部
岗位类别	工勤技能岗位	岗位等级	
工作描述			
工作概述	负责报刊部的读者活动和报刊管理工作		
岗位职责	1. 负责报刊、期刊的管理工作，下架报纸、期刊要及时清点、核实、登记上账，发现问题及时解决 2. 解答读者咨询，编制二次文献，报纸剪裁、装订成册，为读者提供服务 3. 做好本部门的读者统计工作，即接待读者统计表和解答咨询统计表、信息反馈登记表 4. 组织好重点读者队伍，听取读者意见和要求，不断改善读者服务工作 5. 负责期刊报纸上架工作，按类归架，不乱架 6. 协助部主任组织好读者各种读书活动，召开各种读者会议 7. 负责对破损图书掉标、扯页的修补 8. 完成上级领导交办的其他工作		
资格要求			
任职条件	1. 图书馆学及相关专业大专及以上学历 2. 具有1年以上相关工作经历 3. 具有一定的组织能力，能熟练并独立担任有关业务项目的业务能力 4. 了解出版动态及各种报刊的基本内容		

第四章 图书馆人员素质模型

第一节　图书馆人员素质模型构建

一、胜任素质模型概述

胜任素质模型,是指为完成岗位工作,达成某一绩效目标,要求任职者具备的一系列不同素质要素的组合,其中包括不同的动机表现、个性与品质要求、自我形象与社会角色特征以及知识与技能水平等。这些行为和技能必须是可衡量、可观察、可指导的,并能对职工的个人绩效表现以及组织的经营生产产生关键影响。

哈佛大学教授麦克里兰(McClelland)把人的胜任素质模型描绘成一座冰山,将其从最简单的技能要求到最深层的人格特质分成了6个层次。其中技能和知识位于表层,价值观、自我定位、驱动力(需求/动机)、人格特质埋在深层。

麦克里兰和其他心理学家们经过大量的研究,得出了权威的、公认的素质词典。这个词典中,人的素质分为6大类、20个具体要素,每个要素又分为很多级别。这20个素质要素,对人类的知识、技能、社会角色、自我概念、性格、动机等做出了全面概括,形成了单位职工的完整胜任素质模型,内容如图4-1所示。

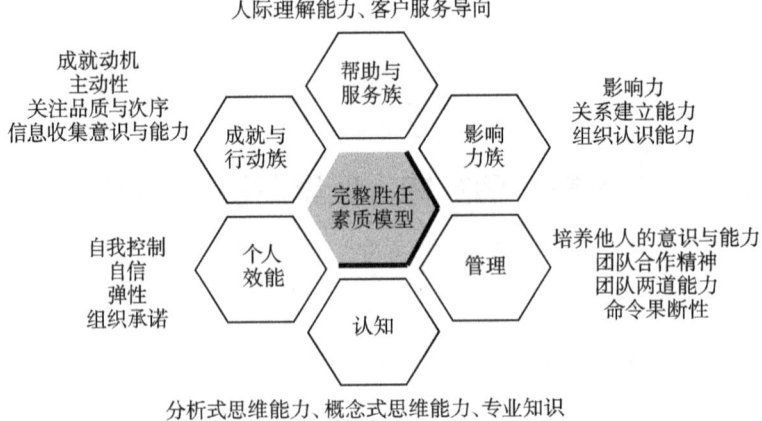

图4-1 麦克里兰素质词典结构图

二、图书馆人员胜任素质模型体系构建

(一) 胜任素质模型建立的准备

在建立胜任素质模型之前,图书馆应先清楚两个方面的内容。

1. 图书馆的组织战略及战略计划的关键环节。胜任素质模型的建立基于组织战略,又服务于组织战略。

2. 关键岗位。关键岗位即与实施战略计划的关键环节相关的核心职位,是指对组织经营具有核心作用的、承担实施战略的主要责任、控制关键资源、可以产生价值增值的职位。

(二) 胜任素质模型建立的方法

1. 行为事件访谈法

行为事件访谈法(Behavioral Event Interview,BEI)是由美国哈佛大学心理学教授麦克莱兰德(David C. McClelland)开发,通过分别对绩效优秀及一般职工的访谈,获取与高绩效相关的素质信息的一种方法。

行为事件的意义在于通过访谈者对其职业生涯中的某些关键事件的详尽描述,揭示与挖掘当事人的核心素质,特别是隐藏在"冰山"下的潜能部分,用以对当事人的未来行为及绩效产生预期,并发挥指导作用。

访谈者对关键事件的描述必须至少包括这项工作是什么、谁参与了这项工作、访谈者是如何做的、为什么、这样做的结果怎样等内容。

2. 主题分析

主题分析的含义通常包括两个方面。一方面是基于素质词典提出的素质分类及相关定义与分级，提炼行为事件访谈中的素质信息，对其进行编码与归类整理的过程；另一方面是在通用素质词典之外，对行为事件访谈过程中新出现的、组织个性化的素质的分析、提炼与概念化过程。对行为事件访谈资料进行主题分析的切入点就是观察行为事件访谈过程中绩优人员与一般人员对关键事件的描述以及问题回答上存在的差异。

主题分析包括组建主题分析小组；被访者个体分析；主题分析小组共同研讨，界定素质要项的定义、内容与级别；结合素质词典，编制素质代码；主题分析小组讨论，统一素质编码；对提炼的素质主题进行统计分析与检验；最后，根据统计分析的结果，由主题分析小组再次对素质主题进行修正，形成最终的胜任素质模型与相应的编码手册等7个步骤。

（三）胜任素质模型建立的步骤

建设胜任素质模型的步骤，如图4-2所示。

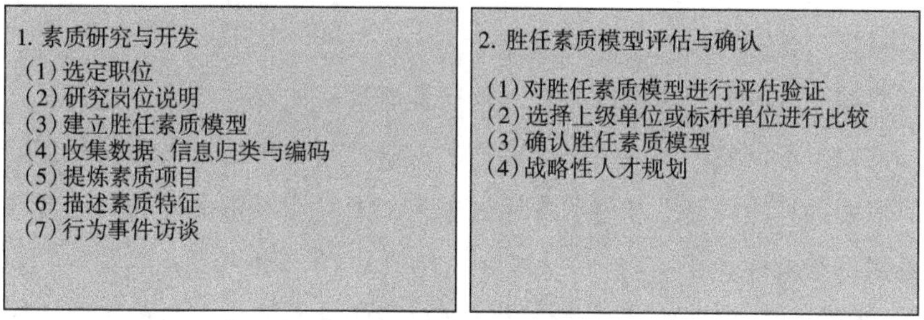

```
┌─────────────────────────┐  ┌─────────────────────────┐
│ 1. 素质研究与开发        │  │ 2. 胜任素质模型评估与确认 │
│  （1）选定职位           │  │  （1）对胜任素质模型进行评估验证│
│  （2）研究岗位说明       │  │  （2）选择上级单位或标杆单位进行比较│
│  （3）建立胜任素质模型   │  │  （3）确认胜任素质模型   │
│  （4）收集数据、信息归类与编码│  │  （4）战略性人才规划    │
│  （5）提炼素质项目       │  │                         │
│  （6）描述素质特征       │  │                         │
│  （7）行为事件访谈       │  │                         │
└─────────────────────────┘  └─────────────────────────┘
```

图4-2 胜任素质模型建设的步骤

第一阶段主要是从事素质的研究与开发工作。这是一项基础性的、花费时间较长、对于胜任素质模型建立非常核心与重要的工作，其中涉及的技术和方法也较多。

1. 根据图书馆的具体情况确定要分析的职位。图书馆的主要职能是图书、报刊等知识资源的"藏"与"用",而"藏"与"用"的结合关键在于服务读者,所以图书馆人员的胜任素质模型应以读者服务岗位(含外借、阅览、参考咨询等)为对象进行研究。

2. 对岗位说明书进行研究,以确定其工作内容、任职要求及绩效考核指标。

3. 有选择性地对图书馆现有人员进行工作访谈。在工作访谈之前,列出被访谈对象的名单,了解其基本资料,并设计好访谈内容提纲,便于访谈的顺利进行。在被访谈对象的选择上除了读者服务的人员外,还应包括部门负责人、其他业务部门、读者以及人事处人员。根据工作分析以及对访谈内容的整理,初步得出图书馆人员应具备的胜任素质。

4. 进行问卷的设计与调查。在数据的收集与处理上主要是利用问卷调查的结果,因此在问卷的设计上要严谨、完整,并对每一个胜任素质都进行定义与分级。调查表的发放对象可以是图书馆领导、基层部门主任、读者服务岗位工作人员和读者。

5. 对调查结果做统计分析并建立图书馆人员胜任素质模型。

由于素质的开发本身就是一个不断证伪、不断完善的过程,作为组织通用素质尚且如此,更何况个性化的专业素质,他们都体现着组织为实现战略目标对各专业系统能力的关注。

在第一阶段后,通常有一个对胜任素质模型的评估与确认过程。其中评估的对象不仅要扩展到组织内部更多的职位与更多的人员,同时还要考虑将组织的其他管理措施与手段嫁接进来,为胜任素质模型的应用营造良好的氛围与条件。

图书馆还可以选取上级单位或其他单位的某些职位,在信息完备的前提下对胜任素质模型进行标杆检验,从而使其对图书馆构建核心竞争优势更具现实指导意义。

三、图书馆人员胜任素质模型应用

图书馆人员胜任素质模型的应用是一项系统性的工作,它涉及图书馆人力资源管理的各个方面。许多著名组织的使用结果表明,通过建立与应用胜任素质模型,可以显著提高人力资源管理的质量,强化组织的竞争力,促进组织目标的实现。

(一) 胜任素质模型与潜能评价

潜能评价是采用科学专业的方法与工具收集信息,测量与评价个人相关的行为取向与素质特征,预测其未来业绩的过程。

图书馆实施潜能评价的目标,首先是从组织层面评价职工所掌握的核心专长与技能能否契合图书馆愿景与战略的实现,以此为基准开展一系列人力资源管理活动;其次是驱动人力资源管理各业务板块的有序联动与协同,共同聚焦图书馆面向核心人才的管理与开发。

图书馆实施潜能评价大致可分为建立胜任素质模型、确定潜能评价的工具与方法、实施潜能评价、归纳整理被评者的素质分析结果和将结果应用于以有效开发与利用核心人才为目标的人力资源管理各环节五个步骤。

在具体实施中,专业人员必须观察被评者的语言、动作、表情、态度等,同时详细记录每项行为表现,用实际事例证明被评者的行为与对应素质层次之间的联系,由此归纳与整理出被评者的素质特征,并撰写相应的评价报告。

(二) 胜任素质模型与招聘甄选

传统的招聘甄选,是根据短期的职位需求开展招聘甄选工作,仅仅以工作分析与候选人"过去做过什么"作为考察候选人是否具备所需要的知识、经验与技能的基础,缺乏对候选人未来绩效的预测与判断。

如今单位招聘甄选的重点已逐渐从满足职位空缺的人员需求转向为了保证组织战略目标的实现,即从多样化的背景中甄选与吸引那些能帮助组织达成当期及长期战略意图的候选人。传统的依据候选人的知识以及经验背景进行的甄选理念与方法,已经不能满足组织获得持续竞争力、吸引与开发关系组织长期发展的关键人才的要求,因此,图书馆需要建立基于胜任素质的招聘体系。

基于胜任素质的招聘甄选，除了采用既定的工作标准与技能要求对候选人进行评价之外，还要依据候选人具备的素质对其未来绩效的指引作用来实施招聘甄选。这种基于胜任素质的招聘甄选将组织的战略、经营目标、工作内容与候选者个人联系起来，在遵循有效的招聘甄选决策程序的同时，提高了招聘甄选的质量。同时，整个招聘甄选以组织战略框架为基础，也使那些对组织持续成功最为关键的人员及其素质得到了重视与强化。

（三）胜任素质模型与绩效管理

基于胜任素质模型的绩效管理，是以结果为导向，关注职工的短期绩效转向能力，通过胜任素质模型，能够对职工未来的绩效进行合理且有效的预测，对图书馆的人力资源管理实践提供精确的指导，包括晋升调配、培训开发等。

另外，胜任素质模型的引入对组织各级管理者的管理风格提出了新的要求。即管理者不仅要关注下属在达到绩效过程中的不足与问题，包括知识与技能的差距、行为方式的规范与改善等，还要帮助下属关注自己的潜能，即"最擅长什么""潜能将如何影响未来的绩效"等。

（四）胜任素质模型与薪酬管理

基于胜任素质模型的薪酬管理，为组织关注职工未来发展与潜在价值提供了最终的落脚点，使职工与各级管理者能够为不断提供现有技能水平、持续发挥自身优势与潜能而努力。另外，基于胜任素质模型的薪酬管理，还能帮助组织吸纳、保留更多具备高素质、高潜质的人才。这种由于高绩效要求产生的高素质的关注，实际上为知识经济时代知识型职工的人力资源管理提供了有效的切入点，它符合基于角色与成果管理知识型职工的要求。

（五）胜任素质模型与培训开发

基于胜任素质模型，要求组织根据职工个人的职业发展计划以及定期的绩效考核结果，在与组织实现战略所需的核心能力要求进行比较的基础上，确定职工的素质差距，并据此制订相应的培训计划，设计培训项目与课程。最后通过培训效果评估对职工素质的改进与提升提供反馈与指导。

（六）胜任素质模型在人力资源其他业务板块的应用

1. 胜任素质模型与组织战略性人才规划

胜任素质模型的建立能帮助并强化组织对于人才的认知与界定。也就是说，组织通过分析自身战略规划与实施中对人才核心专长与技能的要求，从而能根据胜任素质模型以及对现有人才的评价结果检点组织现有人才的能力状况，并因此有针对性地开展包括人才的吸纳、开发、激励、维持等在内的一系列人力资源规划与行动。

2. 胜任素质模型与核心人才管理

与战略性人才规划相似，胜任素质模型也可以成为组织评价与管理核心人才的重要依据，由此引申展开的一系列人力资源管理活动自然也能够服务与组织短期以及长期发展所需关键人才的持续培养与开发等。

第二节　图书馆人员通用素质

一、通用能力

（一）亲和力

亲和力是指能够通过个人举止、言谈之中给人一种易于接近、愿意接近的感觉。其分级行为表现如表 4-1 所示。

表 4-1　亲和力分级行为表现

分级	行为表现
1 级	1. 与人交往，始终有一种谦和的态度 2. 在倾听别人讲话时，从不打断别人
2 级	1. 与人交往时，保持积极、乐观的心态，并能很好地把握交谈的气氛 2. 能耐心解决客户或同事遇到的问题，并提供一些建设性的参考意见
3 级	1. 能够将与人交往过程中总结的经验和技巧与下属人员分享 2. 能够通过一定的交往技巧和亲和魅力，促成与同事、客户的合作关系

（二）影响力

影响力是指说服或影响他人接受某一观点，推动某一议程，或领导某一具体行为的能力。其分级行为表现如表 4-2 所示。

表 4-2　影响力分级行为表现

分级	行为表现
1 级	能清晰地陈述相关事实，呈现经过充分准备的合理案例，并运用直接证据（如关于实质特征的数据、意见一致的范围与利益等）以支持个人观点，说服对方做出承诺或保证

续表

分级	行为表现
2级	1. 通过指出他人的忧虑、强调共同利益来说服他人 2. 预期别人的反应,并采取相应的表现方式,根据需要运用适当的风格和语言应对 3. 用案例或论据创造出一个"双赢"的解决方案以实现双方的目标
3级	1. 与第三者或专家结成联盟,并建立幕后支持,以构成影响别人行为的有利态势 2. 精心策划事件以间接影响他人(如计划时间的安排、策划关键事件、预测有关关键联盟的提议、影响证言等)

(三) 沟通能力

沟通能力是指正确倾听他人倾诉,理解其感受、需要和观点,并做出适当反应的能力。其分级行为表现如表4-3所示。

表4-3 沟通能力分级行为表现

分级	行为表现
1级	1. 不善于抓住谈话的中心议题 2. 自己的观点表达不够简洁、清晰 3. 以自我为中心,缺乏对他人应有的尊重 4. 在沟通中,能够基本理解、使用相关的专业词汇
2级	1. 能够以开放、真诚的方式接收和传递信息 2. 了解交流的重点,能通过书面或口头的形式、用清楚的理由和事实表达主要观点 3. 尊重他人,能在倾听别人的意见、观点的同时适时地给予反馈 4. 在沟通中,能够理解、使用相关的专业词汇
3级	1. 与人沟通时语言清晰、简洁、客观,且切中要害 2. 针对不同听众能采用不同的表达方式,从而以取得一致性结论 3. 善于说服他人,能有效化解矛盾和抱怨 4. 能拓展并保持广泛的人际网络 5. 熟练掌握专业词汇,能够阅读、理解与专业相关的各种资讯

(四) 执行能力

执行能力是指在工作中能迅速理解上级的意图,进而形成目标并制定具体可行的行动方案,然后通过各类资源的合理利用和对任务优先顺序的安排，保证方案的高效、顺利实施，并努力达成工作目标的能力。其分级行为表现如表4-4所示。

表4-4 执行能力分级行为表现

分级	行为表现
1级	1. 能够根据单位或上级的明确要求，结合本岗位的职责，确定自己的短期工作目标 2. 能分解工作目标，较好地协调和控制工作进度，并能顺利高效地完成各项任务 3. 能够较好地执行单位及部门的各项管理规章制度
2级	1. 能够配合单位制定任务目标，并能提出实现目标的建议 2. 能够很好地协调和控制工作进度，积极创造条件完成各项任务 3. 能够很好地执行单位及部门的各项管理规章制度
3级	1. 能配合单位制定任务目标，并能把控目标的进度 2. 能够高效地完成各项任务 3. 能够严格执行单位及部门的各项管理规章制度，并能对其中的一些条目提出执行改进意见

（五）创新能力

创新能力是指不受陈规和以往经验的束缚，能够不断改进工作与学习方法，以适应新观念、新形势发展的要求的能力。其分级行为表现如表4-5所示。

表4-5 创新能力分级行为表现

分级	行为表现
1级	守旧，敌视所有新事物；教条、死板地执行上级布置的各项工作；遇到各种问题，习惯用经验来解决，反对创新
2级	1. 对新事物具有良好的接受性，解决问题时愿意尝试新的方法 2. 对于上级布置的各项工作，会以自己的角度出发，灵活变通地完成；不反对创新
3级	1. 能够作为单位创新精神的倡导者 2. 创造性地落实上级布置的各项工作 3. 鼓励下属多角度思考，提出各种解决思路；决策时，稳健而不保守，敢于创新但不冒失；提倡创新

(六) 理解能力

理解能力是指了解他人的能力,可以清楚地倾听及体会到他人没有表达出来或是说明不完整的想法感觉和考虑。其分级行为表现如表4-6所示。

表4-6 理解能力分级行为表现

分级	行为表现
1级	1. 大体能够把握利益相关人的情绪和沟通的内容 2. 大体能客观评价他人 3. 能把握别人的感觉和所表达的意思,但不能很好地理解他人过去的行为
2级	1. 能够把握利益相关人的情绪和沟通的内容 2. 能够理解潜在的问题和某人行为的原因,能客观评价他人 3. 能把握他人的感觉和所表达的意思,并能理解他人过去的行为
3级	1. 能够把握利益相关人的情绪和沟通的内容,并能消除利益相关人的不良情绪 2. 能够了解潜在的问题和某人行为的原因,能客观评价他人,并根据其特点安排、协调工作 3. 能够很好地把握他人的感觉和所表达的意思,并能理解他人过去的行为,同时预见他人未来的行为

(七) 表达能力

表达能力是指通过口头或书面能够清晰、准确地表达自己意思的能力。其分级行为表现如表4-7所示。

表4-7 表达能力分级行为表现

分级	行为表现
1级	表达基本清楚。交流过程中思路不太清晰,用词不当,容易让人误解其意,但他人能知悉其所表达的大概意思;能从事一般性的工作联系
2级	1. 表达条理清晰,意思明了。交流过程中思路清晰,他人能非常明确地知悉其所表达内容的重要层次 2. 在不同的场合保持适当的语速,但表达不够简明

续表

分级	行为表现
3级	1. 能够准确地以口头、书面等方式进行工作部署或有效沟通,能快速把握工作要领 2. 在交流过程中,思路清晰,表达简洁明了;语言生动,且在必要的时候能够配以手势或面部表情等来增强表达的效果;表达易于让人接近,有亲和力

(八) 判断能力

判断能力是指能够利用自身掌握的知识,对他人的观点或外界环境的变化进行正确的分析,进而做出准确判断的能力。其分级行为表现如表4-8所示。

表4-8 判断能力分级行为表现

分级	行为表现
1级	1. 对他人的意见或外界的变化有一定的认知能力 2. 能够对获得的直接信息进行分析,并做出一定的判断
2级	1. 能够利用自身掌握的知识,正确理解他人的意见或外界的变化 2. 能够对直接信息和间接信息进行分析,并准确判断出事件或事物的发展方向
3级	1. 能够通过他人的举动捕捉到其所思、所想 2. 能够把握事物发展变化的运动规律 3. 能够与他人分享自己判断的经验

(九) 应变能力

应变能力是指采取行动迎接即将来临的挑战或提前思考以适应未来的机遇和挑战的能力。具体分级行为表现如表4-9所示。

表4-9 应变能力分级行为表现

分级	行为表现
1级	1. 能够意识到工作环境的变化,并对变化有所准备。面对变化较为冷静,没有明显的不适应 2. 能够找到变化的原因,并能用工作经验改善自己的工作流程和工作方法 3. 清楚自身应对变化所需资源,并能借助这些资源应对变化、克服工作困难,达成工作目标

续表

分级	行为表现
2级	1. 能够充分了解工作环境的变化特点,清楚该变化对个人、部门或单位造成的影响 2. 能够根据变化适时对自己及整个部门的工作流程、方法及资源分配做出有效调整 3. 能够指导部门和下属正确认识调整过程中出现的问题,并能有效控制问题的负面影响,确保在尽可能降低工作成本的前提下达成工作目标
3级	1. 能够正确预见变化发生的可能性,并能够于变化发生时快速地认识到客观环境变化为部门或单位带来的市场机会,并对如何利用该机会提出自己的建议 2. 能够充分把握变化背后的根本原因,并能够提前采取行动以降低不利变化出现的可能性,从而有效降低变化带来的负面影响 3. 能够指导下属制订有效的调整计划,并能够采取必要的行动合理调配资源来支持调整计划的实施

(十) 自控能力

自控能力是指人员在面对他人的反对、敌意或在长期重复性工作及压力环境下,能保持冷静、控制负面情绪和消极行为,继续完成工作任务的能力。其分级行为表现如表4-10所示。

表4-10 自控能力分级行为表现

分级	行为表现
1级	1. 有能力抵制可能的诱惑,不会采取不恰当和冲动的行为 2. 有愤怒、沮丧等强烈情绪时,能抑制其表现出来
2级	1. 有愤怒、沮丧等强烈情绪时,不仅能够抑制其表现出来,而且能够继续平静地进行谈话或开展工作 2. 能够长时间地控制情绪,并能够在持续压力的环境下以一贯的正常状态开展工作
3级	1. 能够控制强烈情绪并承受巨大的压力;能够以建设性的方法回应压力和不良情绪;能够冷静分析问题来源,并能够总结经验教训,以免今后出现类似情形 2. 在群体人员都受到强烈冲击时,不仅能够控制自己的情绪,还能使他人冷静下来,保持良好心态

(十一) 逻辑分析能力

逻辑分析能力是指能够从多角度、多层次分析问题,并利用既有信息进行分析,找出问题的关键点和不同问题的相关性的能力。其分级行为表现如表 4 – 11 所示。

表 4 – 11 逻辑分析能力分级行为表现

分级	行为表现
1 级	1. 能够运用归纳和演绎等逻辑推理方法,对信息进行简单地汇总、分析 2. 能够预见收集和评估信息时可能遇到的问题,并有尝试解决这些问题的方式、方法
2 级	1. 能够掌握信息分析模型和框架的使用方法,并能根据相关时间规定进行有效地逻辑分析 2. 能够分析出支撑信息的各种原因,并能根据分析结果做出正确的选择
3 级	1. 能够对收集到的信息进行客观的分析和判断,并能对相关问题的未来发展趋势做出正确的预测 2. 能够利用相关信息或以往的问题,通过逻辑分析解决现存的问题

(十二) 归纳思维能力

归纳思维能力是指提炼信息、概括大意、透过现象看本质的能力。其分级行为表现如表 4 – 12 所示。

表 4 – 12 归纳思维能力分级行为表现

分级	行为表现
1 级	1. 能够运用浅显的规律或经验常识确定问题的所在 2. 当所面临的情况与以往经历的情况相同时,能识别出共同之处,并利用以往经验加以解决
2 级	1. 能够利用学习到的知识及处理问题时取得的经验,对现有问题进行分析和处理 2. 在面对不完全相同的现象和问题时,能够找到他们的相似之处,并加以解决

续表

分级	行为表现
3级	1. 遇到复杂的情况时，能够对各种观点、问题和信息进行归纳，提炼出核心的观点或得到简洁的结论 2. 处理问题时，能够运用自己所理解的反映事物之间的内在联系，并指导下属解决相关问题 3. 在处理问题过程中能发现他人没有发现的关键点，能够深入问题的本质，总结出规律

（十三）系统思考能力

系统思考能力是指保持思维的广度，在开展业务的过程中考虑工作对周围环境的影响，从而做出对全局有益的方案和行动。其分级行为表现如表4-13所示。

表4-13 系统思考能力分级行为表现

分级	行为表现
1级	1. 能够综合考虑工作中每个环节的逻辑关系 2. 能够预先设想自身的工作对顾客和同事的影响，并做好事先沟通 3. 能够预测自身决策对程序或团队的影响
2级	1. 在思考工作问题的过程中，能够在确定解决问题的办法时，考虑资源分配的合理性，充分发挥可用的技能和资源 2. 考虑自身决策对组织的影响，能够联合相关部门共同创造更出色的解决方案 3. 在必要时刻为了达到全局的利益，可以放弃或让步自身的利益 4. 分析归纳国际和行业的重要政策，支持和推动变革活动
3级	1. 针对环境的改变而重新组合单位的资源为自身解决问题提供支持 2. 以单位利益为中心，综合考虑各个部门之间的工作联系 3. 考虑自身决策对组织和外部社会的影响 4. 预见国家和行业的重要政策，领导单位的变革

（十四）计划管理能力

计划管理能力是指通过合理配置各种资源，使自己或他人按时完成任务的能力。其分级行为表现如表4-14所示。

表 4-14　计划管理能力分级行为表现

分级	行为表现
1 级	1. 能够根据上级的指导或要求，简单地制订个人的工作计划 2. 能够按照计划的安排，有条不紊地完成工作任务
2 级	1. 能够将复杂的任务分解为多个可以处理的部分，并能够制定切实可行的方案 2. 在编制大型或是复杂的计划时，能够事先预测到可能出现的问题 3. 能够指导他人编制分项工作计划，并能够将分项计划整合为整体方案
3 级	1. 能够为较为复杂的工作团队编制有效的、合理的整体工作计划 2. 具备一定的前瞻性及预见性，能够提前对重大潜在风险做出预案

（十五）关注细节能力

关注细节能力是指在关注事实和细节问题上，既考虑到全局，又深入了解工作过程中各个环节的关键细节，并对细节问题进行预防和控制，确保成果完美的能力。其分级行为表现如表 4-15 所示。

表 4-15　关注细节能力分级行为表现

分级	行为表现
1 级	1. 较少关注工作过程中的细节问题 2. 较少关注工作过程中反映出来的问题和隐患
2 级	1. 工作踏实，关注工作过程中的细节问题 2. 能够主动学习和掌握各种可以改进细节的方法，并能够将其运用到工作中去
3 级	1. 能够带动下属学习和掌握各种改进细节的方法，并能够将这些方法运用到工作中去 2. 工作中以事实为依据，作风严谨 3. 能够对工作过程中的各个环节进行多角度、全方位的考虑，确保各项计划的周密性

（十六）团队合作能力

团队合作能力是指具有全局观、能服从指挥，并根据工作目标的需要与他人通力合作、协调各方面关系、调动各方面的积极性，并及时处理和解决工作过程中的各种问题的能力。其分级行为表现如表 4-16 所示。

表 4-16 团队合作能力分级行为表现

分级	行为表现
1级	1. 全局观一般，计较个人得失，意见不同时执行比较勉强 2. 合作精神一般 3. 了解单位组织中的资源现状，基本能够按时将资源调配到工作中去 4. 很少与部门成员分享信息和经验，与他人配合时出现合作不畅的问题 5. 能够调解组织中出现的冲突，必要时能够借助上级或其他力量保证工作继续开展
2级	1. 具有一定的全局观，不太计较个人得失，意见不同时，能保留看法 2. 合作精神较强，乐于与人沟通，能协调好内外关系 3. 组织各种工作时考虑周全，能够根据任务的重要程度，提前分配或调动各种资源 4. 能真诚地评价他人对部门的投入和专长，并愿意向他人学习 5. 能够与部门成员分享信息和经验，与他人合作时很少出现问题 6. 擅长与各部门、各方面人员保持融洽的关系，能够在兼顾对方利益的基础上促进相互理解、共同合作，保证团队工作顺利开展
3级	1. 全局观强，不计较个人得失，服从指挥，执行命令彻底 2. 合作精神很强，不回避或试图避免冲突，而是通过将冲突公开并推动冲突的化解，能够积极主动与他人合作 3. 有良好的协调能力，社会交往面较宽，善于与外界建立合作关系，利用各方的资源为自己的工作服务 4. 能真诚地评价别人对团队的投入和专长，并愿意向他人学习 5. 经常主动与相关部门协调关系，乐于协助他人工作，积极与团队成员分享信息和经验，与他人合作关系融洽 6. 采取更多的行动，在特定或非特定的时间，在全体团队成员中培养协作精神 7. 通过及时有效的分配和调动资源，克服由于其他部门或人员引起的延误，圆满解决超出自己控制范围的问题

（十七）人际交往能力

人际交往能力是指对人际交往保持高度的兴趣，能够通过主动、热情的态度以及诚恳、正直的人格面貌赢得他人的尊重和信赖，从而赢得良好的人际交往氛围。其分级行为表现如表 4-17 所示。

表 4-17 人际交往能力分级行为表现

分级	行为表现
1级	待人不够真诚，无法获得他人的信赖，为人处世不懂得变通，适应能力较差

续表

分级	行为表现
2级	1. 能够给人以一种真诚的印象,能获得周围人的支持与信赖,在工作中能考虑他人的感受 2. 具备良好的沟通交流能力,能够恰当地表达和倾听,对不同情境和不同交往对象,能够灵活采取不同的应对策略
3级	待人友好、真诚,能够获得他人的信赖,能够时时为他人着想,在工作中,人们都愿意与其合作并保持良好的关系

(十八)专业学习能力

专业学习能力是指提高自己的专业知识或职业知识,与他人分享专业经验的能力。其分级行为表现如表4-18所示。

表4-18 专业学习能力分级行为表现

分级	行为表现
1级	1. 能够在本专业领域展示基本知识,并能够将这些知识有效地应用于实践中 2. 能够积极主动地了解专业领域的最新发展情况 3. 能够运用专业知识和经验解决问题、帮助他人,有时能够促进项目进展或改善当前局面
2级	1. 能够主动展示非专业领域的知识,并能够利用非专业的知识提升业务 2. 能够利用自己的知识促进其他部门工作或项目的进展,以提高其他部门的工作效率 3. 能够吸收利用他人的经验和做法,用于解决自己所遇到的问题
3级	1. 能够不断寻找新的学习机会,掌握新的专业知识和技能,从而提高自己的综合能力 2. 能够在专业期刊上发表论文或作品,展现自己的专业能力 3. 能够从突发或偶发事件中总结经验教训并为己所用 4. 能够在组织内充当新技术、新知识的倡导者与传教士的角色

(十九)问题发现与解决能力

问题发现与解决能力是指能通过自身掌握的专业知识和能力,判断和发现工作过程中存在的问题,并予以解决的能力。其分级行为表现如表4-19所示。

表 4-19　问题发现与解决能力分级行为表现

分级	行为表现
1 级	1. 能够发现工作中的显性问题，不能发现隐藏的问题 2. 能够初步判断并简单处理工作方面的问题
2 级	1. 熟悉把握工作过程中易产生问题的环节，并有一定的问题发现技巧 2. 能够通过对工作的理解，发现隐藏的问题 3. 具有一定的问题分析能力，能够根据现象探求解决问题的途径，并找到答案
3 级	1. 能自如应对各种外界条件的改变对工作产生的影响，并能及时发现问题 2. 能准确预测到工作过程中各种问题的发生，并将其消除在萌芽状态 3. 能总结各类问题发生的规律，并具备指导他人发现问题的能力

（二十）信息收集与处理能力

信息收集与处理能力是指根据工作任务的需要，不局限于眼前现有的资料，主动花费力气通过各种方法收集各类相关信息，并对收集的信息进行整理、分析，提出应对方法的能力。其分级行为表现如表 4-20 所示。

表 4-20　信息收集与处理能力分级行为表现

分级	行为表现
1 级	1. 掌握工作所需信息的来源和种类，有获取所需信息的方法和渠道 2. 能够按照既定的方法和渠道收集信息，并能够核实所获信息的完整性和准确性 3. 能够完整准确地记录所得信息，能够将其按规定的形式进行整理 4. 基本能够对数据和信息进行分析，提供单位、项目或工作所需的各类信息
2 级	1. 能够拟订信息收集计划，有目的地开展信息收集工作 2. 能够发现有用的信息，并能够确保收集信息的完整性和准确性 3. 通过对数据和信息进行分析和研究，能够发现市场隐藏的变化，并能够准确地向上级提供相关信息及个人建议
3 级	1. 能够建立相关的信息收集系统，并能够设定信息收集的统一内容、方式、流程等，能够有效利用各种技巧，不间断地收集信息，并能够不断挖掘未来可能的潜在信息和信息收集途径 2. 通过分析信息，能够对市场的变化等未来发展趋势做出正确的预测 3. 能够为工作中所遇到的问题提供可行的解决方案

二、管理能力

(一) 督导能力

督导能力是指能够为确保单位的最佳利益,指导职工工作及促使其提升技能与工作绩效的能力。其分级行为表现如表 4-21 所示。

表 4-21 督导能力分级行为表现

分级	行为表现
1级	1. 能够对职工工作给予较具体的指导 2. 在提出要求和目标的同时,也能够提供明确、具体的参数和标准 3. 能够适时检查职工对工作目标的理解
2级	1. 能够系统、明确地分配日常工作和任务 2. 在分配工作和从别人那里接受工作时坚定而自信,对不合理的要求敢于说不 3. 能够给予职工完成常规任务的空间,不乱加干涉
3级	1. 能够建立明确、可测量的绩效标准 2. 能够依据绩效标准监督检查职工的工作进度、绩效,并能够将成果和存在的问题及时反馈给职工 2. 纠正职工绩效问题时,行动明确,立场坚定,并能够定出可行性的绩效提升计划

(二) 决策能力

决策能力是指能够依据对形势的分析,做出恰当、合理、及时和实际的判断并采取行动的能力。其分级行为表现如表 4-22 所示。

表 4-22 决策能力分级行为表现

分级	行为表现
1级	1. 能够依据工作经验,对要解决问题的性质和决策目标进行准确定位 2. 能够及时给出可行的常规问题决策方案 3. 掌握决策备选方案的分析技巧,能够迅速且准确地判断各种备选方案的优势和不足 4. 能够借助信息和分析工作给出非常规问题的有效解决方案

续表

分级	行为表现
2级	1. 能够通过纷繁复杂的表面现象,对存在问题的性质进行合理判断,并能够在此基础上迅速确定决策目标 2. 能够根据工作经验和技巧果断、及时地做出合理有效的常规决策 3. 对自己所做的非常规决策可能产生的影响有清晰的认识,并能够借助信息和分析工具在各类备选方案中选择最有效的方案 4. 在复杂且风险高的形势下,通过适度分析多个领域内的各种信息,能够做出有长期影响的战略性决策,并能够承担相关责任和后果
3级	1. 能够对要解决问题的性质和决策目标进行准确定位 2. 能够及时给出可行的常规问题决策方案 3. 掌握决策备选方案的分析技巧,能够迅速且准确地判断各种备选方案的优势和不足 4. 能够借助信息和分析工作给出非常规问题的有效解决方案

(三)协调能力

协调能力是指能够通过沟通,与单位内外部人员达成某种共识的能力。其分级行为表现如表4-23所示。

表4-23 协调能力分级行为表现

分级	行为表现
1级	1. 对单位内外部人员在行动和思想上的不一致问题有清醒的认识 2. 对单位内外人员可能产生的不和谐因素有一定的了解
2级	1. 对单位内外部人员的不和谐行为有一定的调节能力,能够尽量将矛盾消灭在萌芽状态 2. 在处理单位内外部矛盾过程中,能够获得大多数人的拥护与支持
3级	1. 能够平衡单位内外部各种关系,确保单位既定目标的完成 2. 能够将自己在协调内部关系过程中的技巧、经验与他人共享 3. 能够通过协调单位内外部关系,发现单位内隐藏的问题或矛盾,并提出相应的解决方法或应对策略

(四)激励能力

激励能力是指能够激发、引导和维持他人工作热情,保证实现预定目标的能力。其分级行为表现如表4-24所示。

表 4-24　激励能力分级行为表现

分级	行为表现
1级	1. 工作中只关心本职工作，忽略职工的发展，从而导致职工工作缺乏主动性和积极性 2. 对职工的工作缺乏肯定，很少给予下属鼓励
2级	1. 了解下属需求，善于引导职工，能够时常从职工的角度出发，基于其特长和兴趣爱好安排工作；适度考虑职工的个人发展 2. 能够为职工工作营造和谐的环境，能够清楚地解释工作的关联性及其意义 3. 能够结合职工的工作成果用奖励、表彰等形式提高其工作积极性 4. 能鼓励职工为单位发展献计献策，并能够以制度等形式推动职工参与单位运作
3级	1. 能够有效调动职工的主动性，使职工工作充满激情 2. 能够把职责范围内的可利用资源提供给职工使用 3. 能够为职工创造合适的发展空间，能够针对不同职工制定不同激励方式，使职工效率达到最大化

（五）战略管理能力

战略管理能力是指能够通过分析外部环境、内部资源，对单位管理和工作业务进行筹划的能力。其分级行为表现如表 4-25 所示。

表 4-25　战略管理能力分级行为表现

分级	行为表现
1级	能够正确地执行单位的管理和业务战略，对单位的发展充满信心
2级	1. 能够对单位未来几年中自己所负责的工作领域的发展做出准确的判断，并能够做出正确的业务开展战略选择 2. 能够根据战略规划要求，合理搭配人员和配置资源，为达成战略目标提供保障 3. 能够及时发展业务开展过程中偏离战略导向的问题，并能够提出可行的解决方案
3级	1. 能够正确地分析和判断单位所处的环境与自身拥有的资源，并能够选择有利于单位发展的管理模式和业务战略 2. 能够把握单位的发展方向，指导相关人员开展战略目标的细化工作，还能够制订各类业务的发展目标和计划 3. 能够根据内外部环境的变化，合理判断战略目标的实现程度，并能够根据环境和资源的变化适时调整发展战略 4. 能够及时发现业务开展过程中偏离战略导向的行为和做法，在对其后果进行正确评估的同时，能够迅速采取有效的对策；能够吸取经验教训，制定预防措施

(六) 目标管理能力

目标管理能力是指能够通过自身的努力或借助外界力量达成预先设定的标准或程度的能力。其分级行为表现如表4-26所示。

表4-26 目标管理能力分级行为表现

分级	行为表现
1级	对单位经营目标中本部门的主要工作及任务理解较浅,无明确的工作计划
2级	对单位经营目标中本部门的主要工作及任务理解较深,目标分解基本合理,制订出的工作计划相对简单
3级	对单位经营目标中本部门的主要工作及任务理解透彻,能够有效分解工作目标并制订出详细的工作计划;能够有效跟踪事情的发展,并善于采取补救措施

(七) 团队领导能力

团队领导能力是指能够有效地带领其团队,按照既定目标前进的能力。其分级行为表现如表4-27所示。

表4-27 团队领导能力分级行为表现

分级	行为表现
1级	1. 了解一定的任务分配知识,并能够在执行过程中对任务进行适当的跟踪 2. 能够及时处理团队成员反映的意见,为团队成员提供及时、有效的指导和帮助
2级	1. 能够根据团队成员的特点,有针对性地分配任务,并全力保证组织目标的达成 2. 能够采取一定的激励手段,提高团队成员的工作积极性 3. 在关注团队工作成果的同时,能够最大限度地凝聚团队力量
3级	1. 对团队成员的绩效有充分的认识,并能够给予成员适当的反馈 2. 通过对团队成员工作的观察与分析,查找出团队合作的不足,并能够采取相应的提升措施 3. 根据团队成员的特点,能够制定相应的绩效激励机制,保障团队绩效的持续达成

(八) 团队建设能力

团队建设能力是指能够以团队利益为己任，建立、维护并运作高效团队，使团队绩效表现目标最优化的能力。其分级行为表现如表 4-28 所示。

表 4-28　团队建设能力分级行为表现

分级	行为表现
1 级	1. 能够找出阻碍团队目标达成的因素，并试图采取有效措施去解决这些障碍 2. 能够积极参与团队合作，并有意识地鼓励团队成员参与团队讨论和决策，促进团队内部的沟通与合作 3. 能够采取行动加强团队成员之间的相互沟通，促成团队成员的相互理解和支持 4. 能够对团队或团队成员做出的成绩表示赞赏，并有意识地向成员表达这种赞赏和肯定
2 级	1. 能够根据单位的战略目标确定团队建设的目标，并能够使其在全体成员中达成共识，进而得以贯彻实施 2. 能够有意识地开展团队内合作及建立适当的竞争机制，以提高团队的整体绩效 3. 能够公开表扬他人的成绩，并能够针对职工选择不同的激励方式
3 级	1. 具有个人魅力或领导气质，能够把握组织或团队成员的发展方向与目标 2. 有意识地创建团队合作精神，能够在团队间合理有效地调配资源，进而加强不同目标和背景的团队间合作 3. 能够制定出团队激励的机制，并能够通过激励机制的贯彻实施使团队成员保持高昂的工作热情

(九) 授权控制能力

授权控制能力是指能够对所授权的人员及任务进行监控、指导的能力。其分级行为表现如表 4-29 所示。

表 4-29　授权控制能力分级行为表现

分级	行为表现
1 级	1. 能够根据任务的需要分配工作，并给予相应的权力和责任 2. 能够跟进所授权人员的工作，以确保目标达成 3. 对所授权人员及工作能够及时给出反馈和评价

续表

分级	行为表现
2级	1. 能够准确掌握下属人员的特点，在分配工作任务时够用人所长，合理有效地分配工作，并给予相应的权力和责任 2. 能够跟进所授权人员的工作，以确保目标达成 3. 能够对所授权人员及工作中的问题给出合理意见，并能够及时给予被授权人员反馈和评价
3级	1. 能够根据下属的特点对其进行适当引导，以发挥他们的最大效用 2. 能够跟进所授权人员的工作，以确保目标达成 3. 能够指导并帮助解决所授权人员在工作中遇到的难题，能够及时给予下属反馈和评价

（十）建立信任能力

建立信任能力是指管理人员所拥有的坚持原则且促进信任与尊重的能力。其分级行为表现如表4－30所示。

表4－30 建立信任能力分级行为表现

分级	行为表现
1级	追随单位的标准、政策以及自己工作相关的目标，只在能够实现的情况下才做出允诺
2级	1. 少说多做，行为、信仰保持一致；对别人尊重、守信用 2. 处事客观，无公报私仇的现象 3. 能够正确对待他人对自己的批评
3级	1. 能够在多元环境中展示品德修养，为他人充当道德行为的楷模 2. 能够将职工的福利和部门的成功放在个人利益之上 3. 能够主动寻找解决问题的方案，而不是指责个人

（十一）培养他人能力

培养他人能力是指能够通过恰当的需求分析，将知识、经验、工作方法和技巧有效地传授给他人，以帮助他们完成工作任务并促进其发展的能力。其分级行为表现如表4－31所示。

表 4-31　培养他人能力分级行为表现

分级	行为表现
1 级	能够给予职工具体的指导和建议，为职工工作技能提高、个人职业发展提供必要的工具、信息等支持和帮助
2 级	1. 能够把握职工的优势、劣势与发展需要，并能够给予及时的反馈 2. 在职工遇到挫折时，能给予鼓励，帮助其重新树立信心
3 级	1. 能够根据单位或部门发展的需要，安排并开发适当的正规培训，促进职工的学习与发展 2. 在工作中能够有意识地为他人创造学习机会，并能够随时鼓励他人保持良好的学习习惯

三、职业素养

（一）责任心

责任心指对自己的所作所为负责，对他人、对单位承担责任和履行义务的自觉态度。其分级行为表现如表 4-32 所示。

表 4-32　责任心分级行为表现

分级	行为表现
1 级	1. 工作中害怕承担责任 2. 出现问题时，有推卸责任的行为
2 级	1. 工作中能部分承担责任，但不敢承担较大责任 2. 出现问题时，能够主动承担大部分责任，但偶尔有推卸责任的行为
3 级	1. 面对工作中出现的问题，勇于承担责任 2. 能从部门或单位利益出发，自觉承担责任和履行义务，并监督和指导下属完成工作

（二）主动性

主动性指在日常工作中，能够不需他人指派，主动承担相应工作的素质。其分级行为表现如表 4-33 所示。

表 4-33 主动性分级行为表现

分级	行为表现
1 级	1. 只做一般性必要的工作，能按说明书的要求完成工作 2. 自觉完成工作，无须上级催促
2 级	1. 即使没有要求，也会付出额外的精力完成工作 2. 能够超额完成工作 3. 能够独立完成工作，无依赖性
3 级	1. 对工作表现狂热，不需要任何正式的授权形式，能够承担个人风险去完成工作 2. 能够承担远超过要求的工作任务，并积极努力地完成 3. 通过自身努力拓展工作内涵，获取新技能、新经验

（三）忠诚度

忠诚度是指对工作、团队、单位的信任及在关键事件上以部门或单位利益为重的意识。其分级行为表现如表 4-34 所示。

表 4-34 忠诚度分级行为表现

分级	行为表现
1 级	1. 不信任团队和单位 2. 当出现问题时，以个人利益为出发点，较少考虑团队和单位利益
2 级	1. 信任团队和单位，能够向单位领导或同事表达自己对单位及单位存在的问题的想法及意见 2. 当出现问题时，在考虑个人利益的同时，能兼顾单位的利益 3. 单位利益受损时，能够主动进行维护，并制止损害行为
3 级	1. 高度信任团队和单位，能够积极向单位领导或同事表达自己对单位及单位存在的问题的想法及意见 2. 当出现问题时，能够以单位利益为重，必要时会牺牲个人利益 3. 单位利益受损时，能够主动进行维护，并制止损害行为

（四）坚韧性

坚韧性也可称为耐受力、承压能力、自我控制能力和意志力等，指在巨大的压力环境下，克服外部和自身的困难，坚持完成指定任务的倾向。

其分级行为表现如表4-35所示。

表4-35　坚韧性分级行为表现

分级	行为表现
1级	1. 能够承受普通的压力，并进行自我控制，但有时出现畏惧和懈怠情绪 2. 能够在同事的帮助下克服困难，基本完成指定任务
2级	1. 能够承受较大的压力，偶尔出现畏惧和懈怠情绪 2. 能够运用自身技能克服困难，偶尔需同事或外界帮助去完成指定任务
3级	1. 能够承受所有压力，在困难或威胁面前毫不动摇 2. 面对压力时能进行自我调节，并能够知难而进，坚持不懈完成任务和目标

（五）纪律性

纪律性是指自觉遵守部门或单位各项管理制度，保证个人行为及工作行为不与部门或单位的管理制度和工作原则相抵触的意愿。其分级行为表现如表4-36所示。

表4-36　纪律性分级行为表现

分级	行为表现
1级	偶尔违反部门或单位的各项管理制度，经指正后虽有所改善，但不能根除
2级	1. 能够基本遵守部门或单位的各项管理制度，偶尔有违纪行为，但无严重不良影响，且经指正后能够积极改正 2. 能够主动制止同事违反部门或单位的管理制度的行为
3级	1. 能够自觉遵守部门或单位的各项管理制度，无违纪行为 2. 能够积极监督或引导同事遵守部门或单位的各项管理制度，且效果显著

（六）自信心

自信心是一种对自己的观点、决定和完成任务的能力、有效解决问题的能力的自我信仰。其分级行为表现如表4-37所示。

表 4 – 37 自信心分级行为表现

分级	行为表现
1 级	1. 能够经常自信地展示自我,对自己的能力比较有信心 2. 能够偶尔提出建设性的观点和想法
2 级	1. 能够自信地展示自我,对自己的能力充满信心 2. 能够接受比较有挑战性的工作,且能够不断寻求新的工作方法,在遇到困难时偶尔会出现沮丧情绪
3 级	1. 能够承担有挑战性、有风险的工作,并能够不断寻找和承担新的责任 2. 敢于接手困难的工作,工作出现问题时仍保持积极的心态,并坚信自己能够解决

(七) 成就导向

成就导向又称成就欲、进取心,指希望更好地完成工作或达到某一绩效标准、强烈追求成功的持续性愿望。其分级行为表现如表 4 – 38 所示。

表 4 – 38 成就导向分级行为表现

分级	行为表现
1 级	1. 只专注本职工作任务,虽然努力工作,但达不到杰出的标准 2. 只管个人表现,能够进行小型创新并提高工作效率,但不明显
2 级	1. 有自己衡量优异的标准,工作努力,能够持续不断地改善绩效 2. 在改善个人绩效的同时,能够与同事分享或影响同事完成工作目标 3. 能够视困难、问题或变化为挑战
3 级	1. 有挑战的目标,并能够通过不断学习或请教同事以高标准的要求来完成工作任务 2. 能够在工作过程中不断总结创新,并能够将其应用于以后的工作中 3. 不满足于平均业绩,追求卓越

(八) 敬业精神

敬业精神指不断调整自己的行为以使其符合单位要求和单位利益的愿望和能力。其分级行为表现如表 4 – 39 所示。

表 4-39 敬业精神分级行为表现

分级	行为表现
1 级	有较巩固的专业知识,能够脚踏实地地完成本职工作
2 级	1. 有强烈的事业心及无私的奉献精神,能够努力完成工作及相关的事情 2. 会不断调整自己的行为以符合单位利益及整体和谐性
3 级	1. 有非常巩固的专业知识,热爱本职工作,有进取精神,能够利用各种资源使工作成果最大化 2. 能够以单位的利益及整体和谐性为标准,不断调整自己的行为

(九) 诚信意识

诚信意识是指以诚实、善良的心态行使权利、履行义务,不受个人利益、好恶的影响,信守承诺。其分级行为表现如表 4-40 所示。

表 4-40 诚信意识分级行为表现

分级	行为表现
1 级	一般能够以诚实、善良的心态行使权利、履行义务,基本能信守承诺,但有时会发生欺瞒的行为
2 级	基本能够以诚实、善良的心态行使权利、履行义务,能信守承诺,偶尔出现欺瞒或未信守承诺的情况
3 级	能够以诚实、善良的心态行使权利、履行义务,并坚守对单位的承诺

(十) 成本意识

成本意识是指在保证正常工作状态和质量的前提下,通过控制成本、增加产出、优化流程等手段,节约资源,使利润最大化的意识。其分级行为表现如表 4-41 所示。

表 4-40 成本意识分级行为表现

分级	行为表现
1 级	在工作中不浪费资源,提倡节俭
2 级	1. 能够将工作成本控制在预算范围内 2. 能够对成本控制及流程优化等提出合理建议 3. 能够对周围浪费情况进行制止

续表

分级	行为表现
3级	1. 能够将工作成本控制在预算范围内，并能够积极寻找降低成本的方法 2. 能够对成本控制及流程优化提出有效建议，且效果显著 3. 能够主动制止周围浪费情况，并能够与同事分享节约成本及资源的方法

（十一）全局观念

全局观念是指在开展工作或进行决策时，能够考虑他人、其他部门或单位整体的情况，从单位组织的整体或长远利益出发，顾全大局，为了整体利益能够牺牲局部利益或个人利益。其分级行为表现如表4-41所示。

表4-41 全局观念分级行为表现

分级	行为表现
1级	1. 计较个人得失，很难接受不同意见 2. 基本了解单位各部门或人员的关联性及其他部门的职能
2级	1. 不过多计较个人得失，意见不同时，能保留看法，服从整体 2. 比较清晰地了解单位各部门或人员的关联性及其他部门的职能 3. 能够协调自己与其他部门或人员的工作
3级	1. 不计较个人得失，服从整体 2. 清楚单位各部门或人员的关联性及其他部门的职能 3. 能够与其他部门或人员求同存异，积极开展合作 4. 能够从全局出发，积极协助其他部门或人员完成工作

（十二）风险防范意识

风险防范意识是指对风险的认知和防御能力，它来源于个人的知识面、平常心和敏感性。其分级行为表现如表4-42所示。

表4-42 风险防范意识分级行为表现

分级	行为表现
1级	1. 对单位可能存在的突发事件风险、社会责任风险等，敏感性一般 2. 只能考虑到少数细节问题，能够初步预见到各类因素可能产生的风险和后果 3. 能够提出预防风险的措施和应对方案，但不完善，且不能够有效规避风险

续表

分级	行为表现
2级	1. 对单位可能存在的突发事件风险、社会责任风险等具有较高的敏感性 2. 能够考虑到大部分细节问题，并能比较全面地预见到各类因素可能产生的风险和后果 3. 能够提出有效预防风险的措施和应对方案，但只能规避较小风险
3级	1. 对单位可能存在的经营风险、突发事件风险、社会责任风险等具有非常高的敏感性 2. 做事严谨细致，各项细节问题都能考虑全面，并能够全面预见到各类因素可能产生的风险和后果 3. 能够提出有效预防风险的措施和应对方案，并能够非常有效地规避各类风险

四、知识

（一）单位知识

单位知识包括行业知识、单位文化（发展历史、价值观等）、组织结构、基本规章制度和业务流程等。其分级行为表现如表4-43所示。

表4-43 单位知识分级行为表现

分级	行为表现
1级	了解职工手册与职位相关内容，了解单位发展历史，熟悉与本岗位有关的管理制度、流程
2级	了解行业状况，熟悉单位的历史、现状、未来发展方向目标以及相关管理制度、整体运作流程，了解单位整体战略规划以及战略步骤
3级	洞悉行业状况重大变化与趋势，能基于单位整体战略规划以及战略步骤，对单位整体运作流程与制度提出系统、科学的建设方案，以支持、保证战略目标实现

（二）法律知识

法律知识包括公司法、劳动法、合同法、税法、经济法、证券法及国家颁布的各项与本单位及行业有关的法律法规。其分级行为表现如表4-44所示。

表 4-44　法律知识分级行为表现

分级	行为表现
1 级	了解与工作相关的各项法律、法规，使自己的工作合法、合规，避免出现原则性错误
2 级	掌握工作相关法律知识，了解其他法律知识，并能够运用于工作之中，确保单位的经营在合法的条件下运行
3 级	精通与单位运营、人力资源、财务等工作相关的全部法律知识，并能够灵活运用，在不违反法律、法规的情况下，进行税务筹划、投融资等，控制经营成本，提高资金运营效率，保证单位经营战略的实现

（三）办公自动化知识

办公自动化知识包括电脑操作系统、office 办公软件使用、网络知识以及计算机安全管理等知识。其分级行为表现如表 4-45 所示。

表 4-45　办公自动化知识分级行为表现

分级	行为表现
1 级	1. 具备一定的计算机操作常识和网络知识 2. 能够熟练应用 office 办公软件，完成一般性工作任务
2 级	1. 熟悉计算机操作系统和网络安全知识，能够防止计算机被病毒侵袭 2. 能够运用 office 办公软件完成绘图等领导特殊要求的工作任务
3 级	1. 精通计算机及网络知识 2. 能够构建内部办公局域网络，完成杀毒软件更新等工作 3. 能够指导他人应用 office 办公软件，并能够将操作过程中经常出现的问题进行归类，集中进行分析讲解

（四）安全管理知识

安全管理知识包括生产安全管理、设备安全管理、仓储安全管理、运输安全管理、信息安全管理、消防安全管理及安全防护等 7 类相关知识。其分级行为表现如表 4-46 所示。

表 4-46　安全管理知识分级行为表现

分级	行为表现
1级	1. 根据岗位需要，了解 7 类知识中的 2~4 类 2. 根据岗位需要，掌握 7 类知识中的 2 类
2级	1. 根据岗位需要，掌握 7 类知识中的 3~5 类 2. 根据岗位需要，了解全部 7 类知识
3级	根据岗位需要，掌握 7 类知识，并能将相关知识熟练运用于安全管理工作中

（五）专业技术知识

专业技术知识指通过教育及在工作过程中所获得的顺利完成某一特定工作所需的特殊知识。包括但不限于分类编目、信息检索等专业技术知识，其分级行为表现如表 4-47 所示。

表 4-47　专业技术知识分级行为表现

分级	行为表现
1级	1. 熟悉与本岗位相关的基础理论知识和专业技术知识、技术标准、规范和规程 2. 了解本行业的技术状况和发展趋势以及其他相关岗位的专业技术知识
2级	1. 掌握与本岗位相关的基础理论知识和专业技术知识、技术标准、规范和规程及相关岗位专业技术知识 2. 熟悉本行业的技术状况和发展趋势，能对一般技术问题进行总结和分析
3级	1. 精通与本领域工作相关的基础理论知识和专业技术知识、技术标准、规范和规程 2. 熟悉本行业的技术状况和发展趋势，能对重大技术问题进行总结和分析，并予以解决

第三节 图书馆人员岗位胜任素质

一、图书馆馆长胜任素质模型

图书馆馆长胜任素质模型的建立，参考了图书馆馆长的胜任特征和相关的胜任素质模型理论，概括了图书馆馆长出色完成工作所需的职业素养、知识和技能/能力等3个方面的内容，具体如图4-3所示。

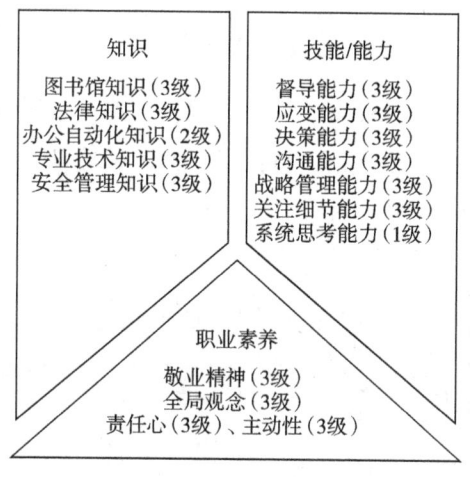

图4-3 图书馆馆长胜任素质模型示意图

二、图书馆业务副馆长胜任素质模型

图书馆业务副馆长胜任素质模型的建立，参考了图书馆业务副馆长的胜任特征和相关的胜任素质模型理论，概括了图书馆业务副馆长出色完成工作所需的职业素养、知识和技能/能力等3个方面的内容，具体如图4-4所示。

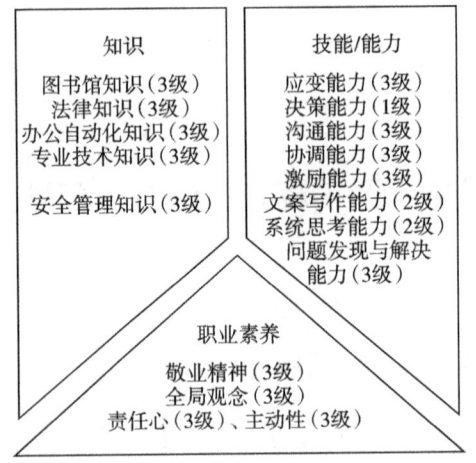

图4-4 图书馆业务副馆长胜任素质模型示意图

三、图书馆采编部主任胜任素质模型

图书馆采编部主任胜任素质模型的建立，参考了采编部主任的胜任特征和相关的胜任素质模型理论，概括了图书馆采编部主任出色完成工作所需的职业素养、知识和技能/能力等3个方面的内容，具体如图4-5所示。

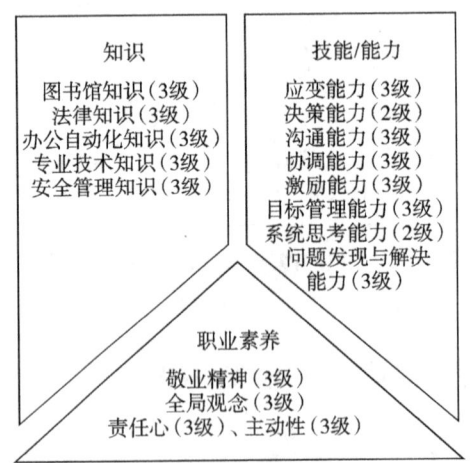

图4-5 图书馆采编部主任胜任素质模型示意图

四、图书馆阅览部主任胜任素质模型

图书馆阅览部主任胜任素质模型的建立,参考了阅览部主任的胜任特征和相关的胜任素质模型理论,概括了图书馆阅览部主任出色完成工作所需的职业素养、知识和技能/能力等3个方面的内容,具体如图4-6所示。

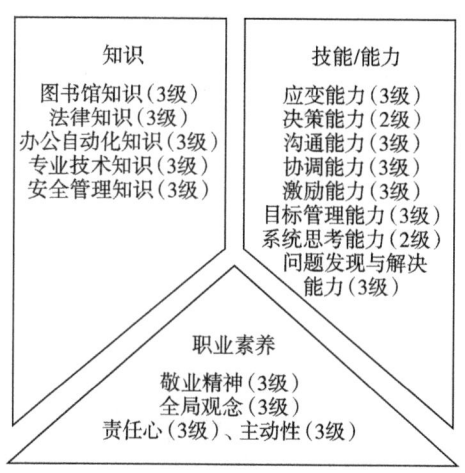

图4-6 图书馆阅览部主任胜任素质模型示意图

五、图书馆报刊部馆员胜任素质模型

图书馆报刊部馆员胜任素质模型的建立,参考了报刊部馆员的胜任特征和相关的胜任素质模型理论,概括了图书馆报刊部馆员出色完成工作所需的职业素养、知识和技能/能力等3个方面的内容,具体如图4-7所示。

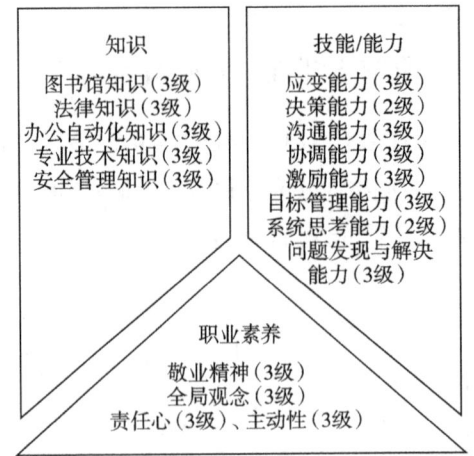

图 4-7　图书馆报刊部馆员胜任素质模型示意图

第五章 图书馆人员招聘管理

第一节　图书馆人员招聘管理概述

一、图书馆人员招聘的概念

图书馆人员招聘是指为了满足发展的需要，图书馆根据岗位分析和人力资源规划的要求，寻找、吸引那些有能力又有兴趣到本单位工作的人员，从中选出符合本单位发展要求和岗位任职资格的人员，并予以录用的过程。

图书馆人员招聘建立在岗位分析和人力资源规划的基础之上。岗位分析是对图书馆内部各岗位的责任和所需素质进行分析，为招聘提供主要参考依据，同时为应聘者提供岗位的详细信息；人力资源规划决定了要招聘的岗位、部门、数量、时限等因素。

二、图书馆人员招聘的意义

图书馆人员招聘对图书馆来说有着非常重要的意义，主要包括以下几个方面。

（一）确保录用人员的质量

图书馆人员招聘一方面关系到本单位人力资源的形成，另一方面直接影响本单位管理其他环节工作的开展。

（二）为图书馆注入新的活力，增强图书馆创新能力

新职工可以给图书馆带来新的管理思想、新的工作模式，给图书馆带来制度创新、管理创新和技术创新。

(三)提高图书馆知名度,树立图书馆良好形象

图书馆利用各种各样的形式发布招聘信息,有助于提高其知名度,让外界更好地了解图书馆。图书馆在招聘的同时,通过招聘工作的运作和招聘人员的素质向外界展示图书馆的良好形象。

(四)有利于图书馆人力资源的合理流动,促进图书馆人力资源潜能的发挥

有效的招聘能促使职工通过合理流动找到适合自己的岗位,实现能位匹配,调动职工的积极性、主动性和创造性,使职工的潜能得以充分发挥,人员得以优化配置。

第二节　图书馆人员招聘渠道和方法

一、内部招聘

内部招聘是图书馆人员招聘渠道之一,是指在出现职位空缺时,优先考虑内部职工来填补空缺的一种招聘方式。

(一)图书馆人员内部招聘的渠道

图书馆人员内部招聘的渠道主要包括内部竞聘、内部晋升、工作调换、工作轮换等。

1. 内部竞聘

内部竞聘是图书馆出现职位空缺时,面向图书馆内部全体人员发布职位信息,职工不论职位高低,均按照同一标准重新接受图书馆的挑选和任用。内部竞聘既可以获得最佳职位匹配人员,也可以进一步了解职工的内在潜质,为图书馆获得需要的核心人才提供条件。

内部竞聘的方式给了图书馆内部职工一个公平合理、公开竞争的平等晋升渠道,它会使职工更加努力奋斗,为自己的职业发展增加积极的因素。但事物总有两面性,有利有弊,内部竞聘也不例外,因此在运用内部竞聘渠道的时候,要注意在对应的范围内,做好职位招聘前期的宣传工作,职位公告的内容应尽可能全面并能准确地反映招聘职位的相关信息,保证让每一个满足招聘条件的职工都知道该信息,并严格按照图书馆内部竞聘制度的规定开展竞聘活动,以确保内部竞聘上岗结果评判过程和结果的公平、客观、公正。

2. 内部晋升

内部晋升是建立在有序的职工晋升体系基础上的岗位空缺应对办法，既是激励职工的有效途径之一，也是留人、用人的好方法。相比于其他招聘形式，内部晋升具有可缩短磨合期、激励基层职工等优势。

3. 工作调换

工作调换是指在职位级别不变的情况下，在图书馆内部调换职工的工作职务，它是图书馆内部人力资源的横向流动。一般适用于图书馆内部职工的统一调动、职工个别申请调动、部门之间的人才交换交流。

工作调换一方面可以避免图书馆内人才的浪费，弥补职位的空缺，还可以拓展职工的知识面，有助于职工的培养和发展。通过工作调换的职工能够将本岗位与新岗位的知识结合起来，从而更有效地工作，这样有利于整个图书馆知识的系统化和丰富化，也有利于激发职工的工作积极性和工作热情，为图书馆的技术创新做出新的贡献。

4. 工作轮换

工作轮换是指将职工轮换到一个工作水平、技术要求相接近的工作岗位上工作，让职工在不同的工作岗位上轮流工作，以掌握多种岗位技能的操作方法，该方法是单位人员配置的常用方法之一，包括调岗和岗位轮换管理。

工作轮换制度可以减轻单位晋升的压力，减少职工的工作不满情绪。职工工作长期得不到应有的提升，必将导致对工作的热情下降。单位中能提供的晋升岗位又十分有限，难以满足职工的晋升要求，而工作轮换制可以在一定程度上缓解单位中晋升岗位不足的压力。

但职工在刚轮换到新岗位上的最初一段时间，因需要熟悉工作，生产力水平会有所下降。并且由于变动一个职工的工作岗位就意味着其他相关联的岗位会随之变动，因此，也会增加管理人员的工作量和工作难度。

(二) 图书馆人员内部招聘的方法

图书馆人员内部招聘的方法主要包括馆员推荐法、布告法、档案查阅法。

1. 馆员推荐法

馆员推荐法是指由图书馆的馆员根据图书馆的需求推荐其熟悉的合适人员，供用人部门或人力资源管理部门进行选择和考核。

馆员推荐法既可以用于内部招聘，又可以用于外部招聘。由于图书馆的馆员对本单位和被推荐者（内、外部人员）的情况都比较了解，使得被推荐者更容易获得单位和岗位的信息，便于其做出决策，也使单位更容易了解被推荐者，从而降低单位招聘风险。但也存在一定的主观性，导致任人唯亲之分，给工作带来负面的影响。

2. 布告法

布告法是通过适当的渠道，如内刊、墙报、布告栏等在内部公布职位招聘信息，以吸引职工前来应聘。

布告法可以让单位中更为广泛的人员了解到此类信息，为图书馆人员职业生涯的发展提供了更多的机会，可以使人员脱离原来不满意的工作环境，也促使主管们更加有效地管理职工，以防本部门人员的流失。但这种方法花费的时间较长，可能导致岗位较长时期的空缺，影响单位的正常运营，而人员也可能由于盲目变换工作而丧失原有的工作机会。

3. 档案查阅法

档案查阅法是指单位为了寻找内部合适的人员填补岗位空缺，运用查阅单位职工档案信息的方式，最终确定胜任职工，确保招聘顺利完成的过程。

档案查阅法适合单位的内部招聘工作。在招聘工作中，利用档案信息帮助人事处获得有关岗位应聘者的情况，并发现那些具备了相应资格但由于种种原因没有申请的合格应聘者，通过单位内的人员档案信息查找，在单位与职工达成一致意见的前提下，选择合适的职工来担任空缺或新增的岗位。

运用档案查阅法所获知的职工信息真实、可靠，但工作量较大。图书馆在运用档案查阅法进行内部招聘时，须注意确保单位职工档案的准确、完备，对职工在岗位、技能、教育、绩效等方面信息的变化做好及时记录，为单位人员选择和配备做好充分的准备。

二、外部招聘

外部招聘是指单位根据既定的程序和标准，从单位外部的劳动力市场中选拔合适人才的招聘方式。

外部招聘的渠道主要包括传统外部招聘渠道和新型外部招聘渠道。

（一）传统外部招聘渠道

传统外部招聘渠道主要有传统媒体、现场招聘、校园招聘和猎头招聘。

1. 传统媒体

传统媒体是指相对于近些年来兴起的网络媒体而言的，用于定期向公众发布信息或提供教育娱乐平台的传播载体，"四大传统媒体"有电视、广播、报纸、杂志。此外，还有户外广告、张贴告示等。

利用传统媒体招聘是本单位补充各类岗位人员空缺，应用最为普遍、最为广泛的人员外部招聘渠道之一。传统媒体招聘渠道以各类招聘广告为主要形式，阅读招聘广告的不仅包括正在找工作应聘者，还包括各种潜在的应聘者以及社会公众。

传统媒体招聘渠道的优缺点比较如表 5-1 所示。

表 5-1　传统媒体招聘渠道的优缺点比较

媒体类型	优点	缺点
报纸	◆招聘广告内容篇幅可灵活选择 ◆针对某一特定的区域 ◆报纸各版块分类编制，便于查询	◆对招聘的特定群体界限不明 ◆时效性强，很多潜在应聘者可能看不到招聘信息

续表

媒体类型	优点	缺点
杂志	◆对要招聘的对象有明确的针对性，尤其是某些专业性的杂志 ◆杂志时限较长 ◆杂志印刷质量好、显档次	◆杂志发行地域广，不适用单一区域招聘 ◆杂志发行间隔期较长，需要较长的广告预约期
电台电视	◆可以将应聘者锁定在某一地区 ◆能更好地渲染气氛，激发应聘者的求职欲	◆传递的信息不如报纸、杂志丰富，且缺乏持久性 ◆发布招聘信息所需成本较高
张贴广告	◆适合服务行业的劳动力招聘，适合对文化层次要求不高的职位 ◆成本较低	◆地域比较受限制

2. 现场招聘

现场招聘是一种组织和人才通过第三方提供的场地进行直接面对面的对话、现场完成招聘面试的一种方式。现场招聘一般包括招聘会及人才市场两种方式。

我国人才市场包括各级人才市场、劳动力市场和职业介绍中心等。人才市场招聘会就是由这些机构作为主办单位开展的市场招聘活动。人才市场招聘能使单位在短时间内集中掌握众多求职者的信息，且供需双方直接见面，有利于双方的直接沟通，也有利于单位进行一定的形象宣传，因此这种方法在实际招聘工作中运用较多。

人才市场与招聘会相似，但是招聘会一般为短期集中式，且举办地点一般为临时选定的体育馆或者大型的广场，而人才市场则是长期分布式，同时地点也相对固定。

3. 校园招聘

校园招聘亦称为上门招聘，是指通过与大中专院校建立合作友好关系，定期到学校进行招聘宣讲等形式，以实现直接招募人员的活动。

校园招聘是图书馆人员招聘的主要渠道之一，跟社会招聘相比，校园招聘有许多优势，如学生的可塑性强，选择余地大，候选人专业多样化，可以满足图书馆多方面需求，招募成本低。

4. 猎头招聘

猎头公司是专门为单位提供中高级人才招聘服务的专业机构，通过为单位猎取中高级管理人才及稀缺专业技术人员而向单位收取一定的服务费用。

一般的招聘渠道（普通招聘会或网络广告等）难以使单位获得中高级人才或稀缺人才，而猎头具有强大的资源优势，可以为单位提供专业的人才招聘服务，所以单位在招聘中高级人才时可以考虑采取猎头招聘，既减少了招聘时间，又可以保证招聘的质量，唯一不足的便是要向猎头公司支付较高的招聘服务费用。

采用猎头招聘与其他招聘方式相比，第一个不同点是要选择猎头公司并签订委托招聘协议，第二个不同点是招聘单位对猎头公司推荐人选进行的是复试，通常会省略初试的程序。

（二）新型外部招聘渠道

新型外部招聘渠道主要包括社交招聘和人工智能（AI）招聘。

1. 社交招聘

社交招聘是指在社交网站中开展人力资源招聘活动。随着互联网技术的飞速发展，带来了社交媒介的快速进步，通过社交媒介进行招聘，已成为一种新的单位招聘方式。在我国，很多社交媒介正在积极尝试涉足招聘，如微信、QQ、微博等社交媒介。

不同于一般的招聘形式，互联网作为招聘单位发布的招聘信息和求职者发布的个人求职信息的载体，主要发挥着记录式功能，招聘单位和求职者只有主动进行信息搜寻、检索才能实现连接。社交招聘中，招聘单位和求职者都是信息的传递节点，同时也在创造信息，这是一种更加充分的参与和信息沟通，不再只是招聘信息与求职信息的被动匹配。

2. 人工智能（AI）招聘

人工智能（Artificial Intelligence），英文缩写为AI。它是研究、开发用于模拟、延伸和扩展人的智能的理论、方法、技术及应用系统的一门新的技术科学。

在互联网革命浪潮下，人工智能（AI）招聘顺势而生。人工智能技术的核心能力在于提高招聘效率，降低人为因素，解放招聘人员，让人集中精力做决定，让计算机完成结构化的重复的招聘工作，这些都是人力资源领域的新举措。例如，ATS 系统可以批量筛选简历、进行简历解析、设置智能标签、智能人岗匹配并推荐等。

第三节　图书馆人员招聘流程

一、招聘计划制订与申报

招聘计划是图书馆的人事处在本单位发展需要增员时，结合单位人力资源规划和岗位说明书，明确一段时期内需招聘的岗位、人员数量、任职条件、招聘方式、招聘时间和地点、招聘预算费用等内容后制定的具体的招聘活动执行方案。

（一）招聘计划的类型

招聘计划按照不同的分类方法，可分为不同的类型。

1. 按照招聘的时间划分

按照招聘的时间划分，招聘计划可分为年度招聘计划、季度招聘计划和月度招聘计划。

年度招聘计划是图书馆的人事处根据各用人部门的增员申请，结合本年度的人力资源规划，确定本年度需招聘的职位、人员数量、资质要求等因素，并制定具体的招聘活动的执行方案。季度招聘计划和月度招聘计划是根据年度招聘计划对季度和月度的招聘工作进行计划和安排。

2. 按照招聘的途径划分

按照招聘的途径划分，招聘计划可分为内部竞聘计划、校园招聘计划、现场招聘计划和网络招聘计划。

内部竞聘计划是在图书馆出现岗位空缺时，从单位内部选择合适的人选来填补空位而制订的计划。校园招聘计划是进入高校寻找优秀人才所拟订的招聘计划。现场招聘计划是通过参加现场的招聘会进行招聘而制订的计划。网络招聘计划是通过招聘网站进行招聘而制订的计划。

(二) 招聘计划的内容

一般来说，一份完整的图书馆人员招聘计划应包括以下内容。

1. 招聘的岗位及条件

招聘的岗位及条件一般在招聘需求分析中通过一系列的调查和综合分析来确定。

2. 招聘的时间

招聘的时间安排一般受招聘对象、规模、方法和费用等方面的影响。如人才市场现场招聘会一般安排半天到一天即可，而在全国高校进行校园招聘时，招聘持续时间较长，一般需要制订具体的招聘时间表。

3. 招聘人员的数量

根据图书馆人力资源规划及岗位分析，制订图书馆每年度的人员配置计划，从而确定图书馆每个岗位所需人员数量、职位空缺数量及相应的人员填补方式等。

4. 采用的招聘方式

为更好地达到招聘的目的，完成招聘计划预定的目标，招聘计划必须根据招聘资源配置的状况，正确地选择适用的招聘方法。如采用内部招聘还是外部招聘，采用校园招聘还是社会招聘，采用网络招聘还是外包招聘等。

(三) 制订招聘计划的注意事项

制订招聘计划是一项既复杂又细致的工作，制订招聘计划时应注意做好以下四方面的工作。

1. 制订招聘计划的总目标。依据图书馆总体战略目标、图书馆人力资源总体计划、图书馆招聘需求分析等制订招聘计划的总目标。

2. 确定具体项目的子目标。具体项目的子目标的确定，是在招聘计划总体目标确定后，根据具体招聘项目及招聘阶段来制订子项目或阶段招聘计划，包括招聘实施过程、时间跨度、阶段、措施、要求、评估方法等。

3. 分配相关招聘资源。图书馆招聘工作是受人力、物力、财力等条件限制的，为减少资源浪费，提高招聘效率，必须对招聘的各子项目或阶段性目标，按轻重缓急来分配招聘资源，以确保各招聘任务都能有相应人、财、物的支持。

4. 进行综合平衡。即考虑招聘投资与人力资源计划之间的平衡、招聘项目与招聘完成期限之间的平衡等。

（四）招聘计划的申报

图书馆的招聘计划制订后，根据《图书馆公开招聘人员暂行规定》，须报上级主管部门核准并报人事部备案。

二、发布招聘信息

（一）招聘信息的撰写

招聘信息应当载明用人单位情况简介、招聘的岗位、招聘人员数量及待遇；应聘人员条件；招聘办法；考试、考核的时间（时限）、内容、范围；报名方法等需要说明的事项。

（二）招聘信息的发布

招聘信息的发布首先要根据单位特点、岗位性质及要求等具体分析来选择招聘信息发布的渠道。招聘信息发布的渠道一般有招聘会、报纸、网络等。

三、资格审查

图书馆组织招聘的部门在发布招聘信息后，应对收到的应聘人员报名信息进行资格条件审查，确定符合条件的人员，只有符合条件的应聘人员才能进行招聘考试与考核。招聘考试与考核结束后，对通过考试的应聘人员，图书馆应组织对其思想政治表现、道德品质、业务能力、工作实绩等情况进行考核，并对应聘人员资格条件进行复查。

四、招聘考试与考核

图书馆招聘考试和考核的方式一般采取笔试和面试。

（一）笔试

笔试是图书馆招聘人员的初选阶段，在进行大规模的招聘过程中，图书馆能够通过笔试高效地对应聘者进行区分和鉴别，进而将所有应聘者划分出一个基本符合要求的界限。笔试的适用面广，成本较低，可以大规模开展，但是笔试之后的结果分析需要使用较多的人力。

图书馆招聘考试内容为招聘岗位所必需的专业知识、业务能力和工作技能。岗位类型不同，笔试的内容也有所不同。

1. 管理人员招聘考试内容以行政管理常识、公文写作与处理、行政职业能力等公共科目为主，主要测试管理人员提供服务的能力。

2. 专业技术人员招聘考试内容除公共科目外，还需参加专业测试，以考察应聘人员的知识面、文字表达能力、相应岗位基本能力等。

3. 工勤人员招聘考试内容以岗位对应的专业知识及运用专业知识解决实际问题的能力为主。

（二）面试

面试是单位与应聘者双方进行面对面的沟通，根据应聘者在面试过程中的表现而对其做出评定，从而为人员录用决策提供依据的一种重要手段。只有笔试合格者，才可以参加面试。

1. 面试领导小组的成立

面试领导小组一般由单位主管负责人、用人部门负责人、纪检监察室、人事处、党委办公室等共同组成。

2. 面试形式的选择

不同的岗位在进行招聘时，通常会根据单位和招聘实际的不同，采取不同的面试形式。总的来说，面试可以从其具体形式和提问种类这两个方面进行区分。

（1）根据具体形式的不同，面试可分为个别面试、小组面试、成组面试和网络视频面试四种类型。

个别面试是指一个应聘者与一个主考官面对面地交谈；小组面试通常是由两三个人组成面试领导小组对各个应聘者分别进行面试；成组面试通常由面试领导小组同时对多个应聘者进行面试；网络视频面试是指通过网络视频的形式进行面试。

（2）根据提问种类的不同，面试可以分为非结构化面试和结构化面试。

在非结构化面试中，主考官会提出探索、无限制的问题，这种面试是综合性的。结构化面试是由一系列连续向应聘者提出与工作岗位相关的问题构成。使用结构化面试由于减少了非结构化面试的主观性，从而提高了面试的可靠性和准确性。

不同面试形式有各自的特点，对面试效果也有很大影响，因此单位在选择面试形式时，应根据具体的岗位需求来确定。

3. 面试试题的编制

面试试题的编制主要有以下四个原则。

（1）针对性原则。该原则是指面试试题根据面试的具体情况，围绕岗位要求、应聘者的状况和面试本身的特点来设计的。有些出题者经常以难倒应聘者为出题目的，这是一种非常错误的想法。面试不是为了难倒应聘者，而是给应聘者一个展示自己的机会，充分体现自己的综合素质，只有这样，主考官才能根据应聘者的表现做出准确的判断。

（2）可行性原则。面试是短时间抽样测评，不可能面面俱到。因此在出题时要考虑面试现场测试的实际情况，避免出现一些难以进行测试的项目。

（3）代表性原则。面试内容不能过于简单，也不能太过深奥，应在某一方面或某一环节上具有一定的代表性，足以在短时间内有效地测试出应聘者的某一特定素质。

（4）区别性原则。在设计题目时，要考虑招聘职位的具体情况。例如，如果招聘的是应届生，考察点则不应侧重于某些特殊素质，如工作经验。

4. 面试中应避免的误区

由于面试带有很大的主观色彩，因此在实施过程中，会有一些人为的因素影响面试结果的评估，主要表现在以下5个方面，单位的负责人或参与招聘工作的人员应尽量避免。

（1）晕轮效应。晕轮效应是指当认知者对一个人的某种特征形成好的或坏的印象后，倾向于据此推论该人其他方面的特征。在面试过程中，考官应从多方面来考察应聘者，不能根据应聘者的某一优点或是缺点做出对其整体的判断。

（2）首因效应。首因效应又称第一印象。在面试之初，考官就可能对应聘者有一个比较固定的印象（可能是好的，也可能是不好的），并且可能根据这个固定的印象对应聘者在整个面试过程中的表现给予包容或是做出不好的评价。

（3）个人偏好。在面试过程中，考官可能会对某一现象或者行为感兴趣，例如，倾向于重点大学毕业的应试者，或者是对自己的校友、老乡偏爱等，这些都是应该避免的。

（4）以点概面、以偏概全。考官根据应试者的某一点或是某一个行为做出评价，而不是根据应聘者的整体表现做出评价。

（5）经验主义。考官根据自己的经验对应试者做出评价，却忽略了应聘者在面试中的具体表现。

五、公示招聘结果与录用

图书馆组织招聘部门集体研究，按照考试和考核结果择优确定拟聘人员，并对拟聘人员在适当范围进行公示，公示期一般为7日至15日。公示无异议的确定录用，办理报到手续，并签订聘用合同。具体报到事项根据各单位实际情况而定,如图 5-1 所示是某单位新职工报到手续。

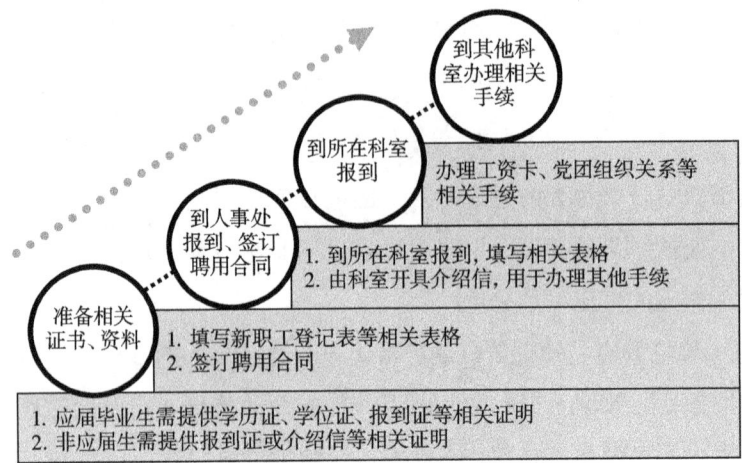

图 5-1 某单位新职工报到手续

第六章 图书馆绩效薪酬管理与素质测评

第一节 图书馆绩效管理概述

一、绩效管理的定义与原则

（一）绩效定义

绩效（Performance），也称为业绩、效绩、成效等，反映的是职工进行某项工作产生的成绩和效果。一般来说，组织绩效指的就是组织管理活动的效果和效率。

（二）绩效管理的定义

绩效管理是指通过持续不断地监视、分析和评估个人或职工组织的综合素质、态度、行为和工作成果，使用科学方法充分调动职工的积极性、主动性和创造力，从而改善组织行为。

绩效管理是一个将组织与部门及职工个人目标紧密联系在一起的、科学的管理活动，从目标、程序导向到意愿、行为、效果导向，从事前策划到过程的监测，从事后考评到绩效改进的动态过程。

（三）绩效管理的原则

1. 公开、透明原则

单位在进行绩效考核的过程中，应最大限度地减少考核者与被考核者双方对考核工作的神秘感，采取公开的方式进行，增加绩效考核的透明度。

2. 客观、明确原则

此项原则要求绩效考核指标体系的建立要以每一岗位的职责为依据，

对工作数量和质量的要求、责任的轻重、业绩的高低做出明确的界定和具体的要求，对职工的绩效进行客观评价，引导职工提高工作绩效，避免职工之间的攀比。

3. 定期化和制度化原则

单位的职工绩效考核是一个连续性的管理活动，应定期进行，还要在相关制度的指导下规范进行，只有这样才能对职工的工作情况和个人情况进行全面了解，及时采取相应弥补措施。

4. 适用性原则

单位建立、实施绩效考核制度时要与所处的规模、特点等相适应，考核方案的设计要考虑到单位实际情况，即要从单位的、部门的、岗位的、职工的实际出发，量力而行。

5. 积极反馈原则

绩效管理的目的之一是通过绩效考核发现和改正职工的不足，进而使职工不断进步和提高，因此企业必须将考核结果及时反馈给职工。

二、图书馆绩效管理方法

一般而言，职工绩效具有三个基本特征，即多因性、多维性和动态性。在设计和选择绩效评估方法时，可以根据被评估对象的性质和特征，分别采用品质导向型、行为导向型和结果导向型三种绩效考核方法。

1. 品质导向型

品质导向型的绩效管理方法，以考核职工的潜质为主，着眼于"这个人怎么样"，重点考量该职工是一个具有何种潜质的人。

品质导向型的考评涉及职工信念、价值观、动机、忠诚度、诚信度等一系列素质以及领导力、人际沟通能力、组织协调能力、理解力、判断力、创新能力、企划力、研究能力和计划能力等一系列能力。

由于品质主导型的考评需要使用如忠诚、可靠、主动、创造性、自信心、合作精神等定性的形容词，所以对考核者的素质要求较高。

2. 行为导向型

行为导向型绩效管理方法，以考评职工的工作行为为主，着眼于"干什么"和"如何去干"，重点考核职工的工作方式和工作行为。由于行为导向型的考评，重在工作过程而非工作结果，所以考核的标准较易确定，操作性较强。行为导向型适合对管理性、事务性工作进行考核，特别是对人际接触和交往频繁的工作岗位尤为重要。

3. 效果导向型

效果导向型的绩效考核，以考评职工或组织工作效果为主，着眼于"干出了什么"，重点考量"职工提供了何种服务，完成了哪些工作任务或生产了哪些产品"。效果导向型的考核注重的是职工或团队的产出和贡献，即工作业绩，而不关心职工和组织的行为和工作过程。

效果导向型的考核方法具有滞后性、短期性和表现性等特点。这种方法更适合生产性、操作性以及工作成果可以计量的工作岗位人员，对事物性工作岗位人员的考评不太合适。

一般来说，效果导向型的绩效考核，首先是为职工设定一个衡量工作成果的标准，然后再将职工的工作结果和标准对照，进而确定职工绩效的方法。工作标准是计量检验工作结果的关键，一般包括工作内容和工作质量两方面指标。

三、图书馆绩效管理作用

绩效考核是一种人力资源的管理手段，可以有效促进职工改进工作方法、提高工作水平和工作效率，促进组织目标的实现。但是仅仅注重绩效考核是远远不够的，单位管理人员还需要加强绩效管理，促进单位和职工个人绩效的提升、促进单位管理和业务流程的进一步优化，以保证组织的战略目标的实现。图书馆实行绩效管理，一方面可以充分发挥绩效管理的激励、沟通和评价作用，另一方面可以塑造良好的图书馆文化。

（一）激励作用

激励作用，可以最大限度地调动职工的工作积极性，建立职工对岗位的责任感和使命感，同时，还可以给优秀的职工提供较多的成长机会，并为其提供最大的工作回报。

（二）沟通作用

沟通作用，可以打通单位的情感、交流和信息屏障，实现管理者与职工的良性互动，实现信息及工作效果的共享与反馈，方便职工达成一致的工作目标。

（三）评价作用

评价作用，方便管理者精准地度量出各职工实际工作状况，分析职工实际工作与期望目标的差距，并准确、客观、真实地反馈职工工作业绩，便于制订职工下阶段的工作目标。

（四）塑造优秀的图书馆组织文化

绩效管理是培育组织文化的重要方式。图书馆将协作精神、创新能力等列入绩效考核指标时，职工就会明确组织提倡何种价值观、重视何种能力，对职工的行为有明显的导向作用。同时，在业绩基础上建立分配机制，促进分配的公平性，可以形成图书馆透明的组织文化氛围，促进图书馆组织形成公平、公正、公开的价值观。

四、图书馆绩效考核方法

图书馆绩效考核在人力资源管理中起着十分重要的作用，有效的绩效考核制度可以约束、激励、指导、帮助职工，并有效调动职工积极性、促进事业单位效率与服务质量的提升，从而保证单位工作目标的实现。在考核方法的选取上，常见的有如下四种。

（一）基于平衡计分卡的绩效考核

平衡计分卡技术是美国哈佛商学院 Robert S. Kaplan（罗伯特·卡普兰）

和 David P. Norton（大卫·诺顿）两位教授共同创立的，它把组织的战略目标分解为财务、顾客、内部流程、学习与成长等具体的目标，并把这些目标分解为各职能部门和个人的目标，形成 BSC 评估体系。如图 6-1 所示。

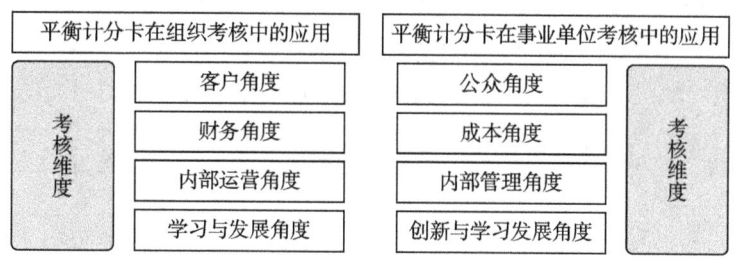

图 6-1　平衡计分卡的应用

（二）关键绩效指标法

基于关键绩效指标对图书馆工作人员的绩效进行评价，可以使得对组织有贡献的行为受到鼓励。

关键绩效考核指标的选取步骤如下所示。

（1）评图书馆所处内外环境，确认单位绩效总目标。

（2）重点分解策略目标，关注单位现实中应实现的目标。

（3）确定关键成功因素指标，将其上升为关键绩效要素。

（4）将关键绩效要素细化为关键绩效指标。

（三）360 度绩效评估法

"360 度绩效评估"引入事业单位的绩效评估中，图书馆在实施 360 度绩效评估中需要进行一些调整。如图 6-2 所示。

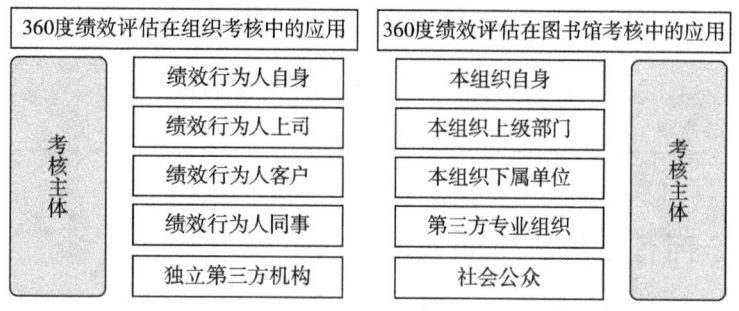

图 6-2　360 度绩效考核方法

（四）目标管理法

目标管理法是由下级与上司共同决定具体的绩效目标，定期检查完成目标进展情况，并依据进展情况对职工进行奖励或处罚的方法。表6－1提供了××图书馆团队目标绩效考核内容，供读者参考。

表6－1　××图书馆团队目标绩效考核内容

团队类型	考核指标
图书馆业务	图书馆业务数量
	图书馆业务增长速度
	读者满意度评分
	成本支出额
	效益水平
科技攻关团队	论文发表、课题获奖数量
	工作完成进度
	成本支出额
	效益水平
	市场开发投入产出比

事业单位绩效评估模式

表6－2介绍了三种绩效评估模式，供读者参考。

表6－2　绩效评估模式

考核模式	具体内容
问题导向的绩效评估模式	以问题为导向，为解决某一特定的问题而进行考核评估，在设计评估指标体系时应重点关注解决实际问题的指标，并加大其指标权重
实用导向的评估模式	以实用为导向，以保证考核评估结果能够得到有效应用，这一评估模式优点在于能够有效评估资源，发挥绩效评估的效用
问责导向的绩效评估模式	这一模式是通过绩效评估，使管理者能够对相关利益群体做出社会交代，并对结果负责

五、图书馆绩效管理流程

图书馆绩效管理包括以下流程。

(一) 确定绩效管理目标

绩效管理目标一般根据单位的战略目标和经营理念进行设定,在设定绩效目标时,单位应该坚持战略导向原则、客户导向原则、挑战性原则、协商承诺原则和SMART原则。

在设定绩效目标时,图书馆应该注意以下事项,以保证绩效目标的实现。

(1) 所有的绩效目标都要与图书馆的最高经营目标相符合,不冲突。

(2) 管理人员、职工均要参与到绩效目标的设定过程中,以保证各项目标的协商一致,且具可执行性。

(3) 目标需分为可达成的预期结果,并兼顾长期目标及短期目标。

(二) 制订图书馆绩效计划

图书馆绩效计划,即图书馆考评双方就考核对象应该实现的工作绩效进行沟通后而预先制订的以书面形式展现的工作绩效计划成果。

1. 绩效计划的分类

绩效计划的分类标准主要有以下两个。

(1) 按照责任主体进行分类,绩效计划可分为组织级绩效计划、部门级绩效计划和职工级绩效计划。其中,组织级绩效计划需要分解为部门级绩效计划,部门级绩效计划又需要被分解为职工级绩效计划,也就是说组织级绩效计划的实现有赖于部门级绩效计划的实现,部门级绩效计划的实现又依靠职工级绩效计划的完成程度,即职工级绩效计划的完成情况支持组织整体绩效计划的完成。

(2) 按考核时间分类,绩效计划可以分为年度绩效计划、季度绩效计划、月度绩效计划等。其中,年度绩效计划可以分解为季度绩效计划,季度绩效计划可以进一步分解为月度绩效计划。月度计划是季度计划的基础,季度、月度绩效计划的制订以年度绩效计划为依据。

2. 制订图书馆绩效计划的步骤

(1) 制订图书馆绩效计划前。在制订图书馆绩效计划前,需要做足充分的准备工作，如收集资料、分析材料，以保证绩效计划取得预期的效果。而在收集绩效计划所需资料时，图书馆的人事处人员应注意收集单位以往年度的绩效管理资料、工作分析相关资料、战略管理资料等，并在此基础之上分析单位、部门及职工个人的工作计划及目标的完成情况。

在收集和分析相关信息和资料时，图书馆人事处人员应做好以下工作事项。

①信息沟通。为了保证各项绩效计划能够与单位的目标相结合，图书馆人事处人员应就单位的战略目标、年度经营计划等与各部门及职工进行沟通，并确保考核双方对此没有任何歧义。

②目标分解。对单位的战略目标、经营目标进行分解，将各分解目标划分到具体的部门及人员。例如，可将单位的主要经营指标分解到生产、销售等业务职能部门，将辅助性的经营指标分解到财务、人力资源部等业务支持性部门，以保证各项目标或指标与整个单位的经营目标紧密相连。

③工作分析。绩效计划最终会落实在具体的工作人员手中。因此，图书馆人事处人员需要对各岗位的工作职责进行重新描述后调整，并以工作职责为基础出发点，来科学地设定绩效计划的目标。

(2) 计划制订的沟通阶段。绩效计划的制订过程是一个双向沟通的过程，绩效计划的沟通阶段也是整个绩效计划的核心阶段。

在这个阶段，图书馆人事处人员与各部门及职工必须经过充分的交流，对职工在本次绩效考核期间内的工作目标和计划达成共识。在进行绩效计划制订沟通时，图书馆人事处人员首先应注意与沟通对象商定具体的沟通时间和沟通地点，以保证沟通过程不被打扰；其次营造良好的沟通环境和沟通气氛，减轻沟通对象的压力；最后根据组织发展方向、经营目标及上一考核结果等信息与相关人员进行沟通，以实现与各部门及职工的良性互动，促进绩效目标的有效实现。

除明确在绩效计划制订的沟通阶段需要注意的事项外，图书馆人事处人员还应坚持下列的沟通原则，以保证绩效计划制订的正确沟通方向和目标。

(3) 计划制订的确认阶段。在制订绩效计划的过程中，绩效计划的确认是绩效计划制订的最后一个步骤。在这个过程中要确保以下两项工作任务的完成。

①确保达成共识。。在制订绩效计划的确认阶段,图书馆人事处人员应首先确认下列问题是否与各部门及职工有效地达成了共识。

➢各部门及职工绩效考核期内的工作职责是什么。

➢在绩效考核期内所要完成的工作目标是什么。

➢如何判断绩效工作目标的完成情况及完成时间。

➢各项工作职责以及工作目标的权重如何分配。

➢在完成绩效计划时,各部门及职工可以拥有哪些权力和资源等。

➢在绩效计划的完成过程可能会遇到的困难和障碍。

➢上级领导及图书馆人事处人员可能会为各部门及职工提供哪些支持和帮助。

➢在绩效考核期内,图书馆人事处人员应该为考核对象提供哪些培训。

②确定达成的结果。当绩效计划的制订工作结束后,图书馆人事处人员应确保达到下边的结果。

➢职工的工作职责及其描述已经按照单位环境进行了修改和完善,可以有效地体现出绩效考核期内职工的主要工作内容。

➢关于各项工作任务的重要程度、完成任务的标准、完成任务中享有的权限、资源等,与职工已达成共识。

➢将协商事项以文字形式记录下来作为考核的重要指标,并进行签字确认。

➢职工清楚知道个人绩效目标与单位总体绩效目标的关系,并愿意为之努力。

(三)考核指标的设计

工作的好坏需要衡量,因此需要衡量的标准,这个衡量的标准,一般称作考核指标。

考核指标一般分为定量考核指标和定性考核指标,定量考核指标主要是以统计数据为基础,把统计数据作为主要评估信息。当考核指标无法通过定量考核方法进行评价时,可以采用定性考核方法。

(四) 考核方法的选择

图书馆应根据事业单位绩效考核办法及上级组织的绩效考核规定选取适合的考核方法开展考核工作。

(五) 绩效考核实施

绩效考核实施是指考评者对照工作目标或绩效标准,采用一定的考核方法,评定职工的工作任务完成情况、职工的工作职责履行程度和职工的发展情况,并将上述评定结果反馈给职工的过程。绩效考核是绩效管理活动的中心环节,是考核者与被考核者双方对考核期间的工作绩效进行全面回顾和总结的过程。

绩效考核实施包括召开考核启动会、绩效数据的收集、考核方法的选择、考核结果的汇总、考核结果的公示、考核争议及申诉、考核结果的应用七个方面的内容。

1. 召开考核启动会

考核启动会,即为绩效考核实施前的动员会,通过会议,让组织所有职工都能够理解和支持人力资源部及用人部门的绩效考核工作。

在考核启动会上,应重点宣讲绩效考核含义及重要性、绩效考核的实施原因、绩效考核的实施管理制度、考核结果的应用说明和绩效考核的实施要求五项内容。

2. 绩效数据的收集

绩效数据是指在绩效考核中所需要与职工绩效考核结果息息相关的各类资料。绩效考核数据按其来源的不同可以分为三类,具体说明如表6-3所示。

表6-3 绩效考核数据说明

数据资料	说明
工作业绩数据	◆ 该类数据指的是考核对象的工作目标或工作任务的完成情况的数据,是考核对象在工作中所记录和收集的

续表

数据资料	说明
工作态度数据	◆ 该类数据指的是来自考核对象的各部门同事或客户提供的一些数据，这部分数据信息是由除考核双方外的第三者提供的，具有一定的客观性
工作能力数据	◆ 该类数据指的是考核对象的工作能力优异或低下的突出行为数据信息，这部分信息是考核人员从考核对象的工作中观察而得出的

3. 考核方法的选择

绩效考核是绩效管理的关键环节，在实施绩效考核时，人力资源部可选用的绩效考核方法有序列比较法、关键事件记录法、强制分布法、目标管理法、360度考核法、KPI关键绩效指标法、平衡计分卡等。

在选择绩效考核方法时，应从信度和效度两方面选择适合组织的考核方法。

（1）信度。信度，即为考核结果的可靠程度。在选择考核方法时，能准确测算出各考核方法的取得结果的前后一致性。

如果组织在同一考核周期对同一考核职工开展两次考核，两次考核结果一致，则说明该考核方法的信度很高，反之，则说明该考核方法的信度很低。这时，组织需要分析影响考核结果的原因，是因为考核者个人态度、动机、情景等个人人格因素的影响，还是考核方法所采用的考核量表的影响，如果是考核方法的问题，就需要另择考核方法。

（2）效度。效度，即为考核结果的有效性。在选择考核方法时，需要按照效度的侧重面，即内容效度、结构效度、效标关联效度三方面对采用考核方法得出的考核结果的效度进行检验。

例如，在考核周期内对同一职工进行的两次考核，如果考核人员对考核职工过高或过低评分，只要两次方向一致，则该考核方法的效度不高，而如果两次考核是考核人员实事求是地考核，那么，该方法的效度就高。

表6-4 考核方法的信度、效度说明表

考核方法	方法说明	效度	信度
序列比较法	◆ 用于对相同职务职工进行绩效考核	较高	较高

续表

考核方法	方法说明	效度	信度
关键事件记录法	◆ 对考核对象的工作行为事件进行观察、记录、分析，然后判断其内在素质	低	高
平衡计分卡	◆ 是根据组织的战略要求而设计的绩效指标体系	低	低
KPI关键绩效指标法	◆ 通过衡量职工工作绩效的关键的可量化的绩效考核指标对职工实施绩效考核	高	高
强制分布法	◆ 根据正态分布原理，强制设置考核对象的考核等级百分比来实施绩效考核	低	低
360度考核法	◆ 适用于对组织中层及以上的人员进行绩效考核	高	高
目标管理法	◆ 让组织职工参与到工作目标的制定中，以便在工作中实行"自我控制"	低	高

除了采用效度和信度两个重要指标外，在选择考核方法时，还需要考虑考核对象所在的部门、岗位的工作职责及工作内容等相关事项，以保证能够准确反映职工的考核成绩。

4. 考核结果的汇总

考核结果的汇总环节包括计算考核结果、汇总考核结果、分析考核结果三个步骤，各步骤的具体说明如下。

（1）计算考核结果。在计算考核结果时，应按照考核方法所使用的考核指标，即权重进行具体计算。如根据KPI方法所示的考核项目和考核指标为例，计算仓库管理员这一考核对象的考核结果。具体考核指标如表6-5所示。

表6-5 KPI考核指标一览表

考核项目	权重	考核指标
工作业绩	60%	◆ 包括库房有效利用率、仓库密封性、火灾隐患整改率、防护方案编制完成率、仓库物资丢失次数、防盗措施有效率
工作能力	20%	◆ 包括学习能力、工作知识两个方面
工作态度	20%	◆ 包括工作主动性、工作责任心、团队意识三个方面

根据表6-5，我们可确定仓库管理员的考核结果的计算公式，即：

考核成绩 = 工作业绩考核得分 × 60% + 工作能力考核得分 × 20% + 工作业绩考核得分 × 20%。

假设仓库管理员的工作业绩得分为 80 分、工作能力得分为 85 分、工作态度得分为 90 分，那么，该考核对象的考核成绩为：

考核成绩 = 80 × 60% + 85 × 20% + 90 × 20% = 83 分

当然，在这里，各考核项目有自己的考核指标及各考核指标的权重，在计算各考核项目的考核分值时，应根据各考核指标的权重及指标的得分进行计算。

（2）汇总考核结果。计算出各考核对象的考核结果后，需要按照部门、岗位汇总考核对象的考核成绩。

（3）分析统计结果。考核结果经统计后，接下来的重要工作就是对汇总结果进行数据分析了。在对考核结果进行分析时，可以采用图形的形式分析考核结果，也可以以表格的形式分析考核结果。

（六）考核结果的公示

考核结果经汇总、分析后，需要着手对考核结果进行公示。在公示之前，首先应对考核结果进行再次确认，以防因疏忽导致考核结果登记错误，其次要选择合适的公示地点，最后，公示文件完成后，应上交部门经理及总经理审核后进行公布。

（七）考核争议及申诉面谈

1. 考核争议及申诉

考核结果公布后，组织各部门及职工若对考核结果有异议，需及时上报上级领导和人力资源部。要认真对待考核申诉，并及时以解决和答复。

2. 申诉面谈

在处理申诉过程中，应做好绩效申诉面谈的准备工作，具体的面谈准备工作如表6-6所示。

表6-6　申诉面谈准备事项说明表

细分	具体说明
了解申诉职工的情况	◆ 主要了解申诉职工的所在部门整体业绩情况、职工的工资福利待遇，以及职工的专业技能、工作业绩、工作能力和工作态度等
准备好与申诉职工要进行面谈的内容	◆ 与职工进行申诉面谈的内容包括了解绩效考核存在的主要问题和次要问题，然后根据主要问题及次要问题阐释职工绩效考核中存在的问题等
准备好申诉职工随时可能提问的问题	◆ 面谈人员告知申诉职工的相关绩效考核问题时，申诉职工会有很多不明白或不理解的地方，面谈人员可预先对这部门问题进行预估，准备详尽的答案
准备好要向申诉职工提问的问题	◆ 绩效面谈的最终目的是为了改善职工的绩效水平，因此，面谈人员需预先设定需要向申诉职工提问的问题，确认其有无改善绩效考核成绩的态度、想法和实际工作能力等

（八）绩效评估结果应用

绩效评估结果应用主要有以下方面。

（1）职工薪资调整。为了增强薪酬的激励作用，在职工的薪酬组成部分中，有一部分薪酬是与职工绩效直接挂钩的。根据工作性质的不同，其绩效薪酬设置的比例也不同。

（2）工作岗位的调整。通过对职工全方位的考核，可以了解职工所取得的业绩、具备的工作能力、发展潜力等方面内容，并作为职工工作岗位调整（职务晋升、降级、轮换等）的重要参考依据之一。

（3）人员培训与开发。通过绩效评估，可以了解职工工作方面的优点和不足之处。针对优点，应当激励职工保持并提高；针对不足之处，应分析其原因，并有重点地对其进行培训，从而达到提高职工工作绩效的目的。

绩效沟通与指导阶段是绩效实施中最重要的环节，是主管与下属职工共同实施计划的过程，是双方保持不断联系，全程进行指导、交流、沟通并产生互动的过程，也是不断完善、充实计划以及根据客观环境条件的变化对计划进行必要的调整修订的过程。绩效沟通与指导使绩效管理建立在科学合理、现实可行的基础上。

第二节 图书馆人员绩效考核办法

一、图书馆人员绩效考核办法概述

图书馆人员的绩效考核应遵循国家及各主管单位制订的事业单位人员及图书、档案人员相关考核规定，并结合本图书馆的实际，制订适合本图书馆的绩效考核办法。

（一）图书馆人员绩效考核相关规定

1981年1月30日由国务院颁布的《图书、档案、资料专业干部职称暂行条例》对图书馆各级人员的考核晋升有着明确的规定。

第一条　图书、档案、资料专业干部的业务职称定为：研究馆员、副研究馆员、馆员、助理馆员、管理员。

第二条　确定或晋升业务职称的图书、档案、资料专业干部，必须拥护中国共产党的领导，热爱社会主义祖国，努力学习马克思列宁主义、毛泽东思想，刻苦钻研业务，积极做好本职工作，为四个现代化建设贡献力量。

第三条　确定或晋升图书、档案、资料专业干部的业务职称，应以学识水平、业务能力和工作成就为主要依据，并适当考虑学历和从事专业工作的资历。

第四条　中等专业学校毕业生，担任图书、档案、资料专业干部，见习一年期满，或具有同等学力的，初步掌握图书、档案、资料某项业务的基础知识、工作方法和技能，较好地完成所担任的任务，确定为管理员。

第五条　见习一年期满的高等院校本科毕业生或具有同等学力的，以及管理员，具备下列条件，确定或晋升为助理馆员：

（1）具有本专业一定的基础理论和专业知识；

（2）具有一定工作能力，能够掌握图书、档案、资料有关工作方法和技能，对馆藏有初步了解，能够使用馆藏目录、联合目录和有关工具书查找书刊、档案、资料等；

（3）初步掌握一门外语或古汉语。

第六条 助理馆员或具有同等业务水平的，具备下列条件，确定或晋升为馆员：

（1）比较系统地掌握图书馆学或档案学或其他某专业的基础理论和专业知识；

（2）具有独立工作能力，熟练掌握有关业务，对馆藏比较了解，能够辅导读者进行文献检索或编制有一定水平的索引、专题资料，工作中有一定成绩；

（3）掌握一门外语或古汉语。

第七条 馆员或具有同等业务水平的，具备下列条件，确定或晋升为副研究馆员：

（1）具有较广博的科学文化知识，对图书馆学或档案学或其他某门学科有较深的研究，有一定水平的工作报告或论著；

（2）具有比较丰富的工作经验，熟悉馆藏，能够指导读者检索、研究或编制有较高学术水平的索引、专题资料，能够解决业务工作中的疑难问题，工作成绩显著；

（3）熟练掌握一门外语。

第八条 副研究馆员或具有同等业务水平的，具备下列条件，确定或晋升为研究馆员：

（1）具有广博的科学文化知识，对图书馆学或档案学或其他某门学科有系统的研究和较深的造诣，有较高水平的论著；

（2）具有丰富的工作经验，能够指导专业人员学习和研究，主编有较高学术价值的书目、索引、工具书或文献汇编，能够解决业务工作中的重大问题，工作成绩卓著；

（3）熟练掌握一门以上的外语。

第九条　确定或晋升图书、档案、资料专业干部的业务职称，必须经过考核。考核在平时考绩的基础上，每一至三年进行一次。工作中有特殊贡献或成绩特别优异者，可随时考核，破格晋升。

对各级图书、档案、资料专业干部的考核，应当严格掌握考核条件。对其中具有同等学力的，除评议其业务成绩外，还应当对本专业必需的基础理论、专业知识和外语程度进行测验。

第十条　确定或晋升图书、档案、资料专业干部的业务职称，按照干部管理权限，由相应的评审组织评定。各级评审组织的组成，由同级主管机关批准。

第十一条　确定或晋升图书、档案、资料专业干部的业务职称，须由本人申请或组织推荐，填写业务简历表，提交业务工作报告或学术论著，经过相应的评审组织评定后，由主管机关授予业务职称。

研究馆员和副研究馆员，由国务院各部门或省、自治区、直辖市人民政府授予；馆员，由相当于行政公署一级机关授予；助理馆员和管理员，由相当于县一级机关授予。对取得馆员以上的业务职称的干部，颁发证书。

（二）图书馆人员绩效考核评定办法范例

下面是根据事业单位人员考核规定及《图书、档案、资料专业干部职称暂行条例》制订的《图书馆人员绩效考核评定办法》，供读者参考使用。

图书馆人员绩效考核评定办法

一、目的

为了规范本图书馆人员的绩效考核，充分调动全图书馆人员的工作积极性，建立公平的事业单位绩效考核机制，并根据上级主管单位的考核办法，结合本部门工作实际，特制订本绩效考核评定办法。

二、基本原则

1. 突出实际成绩、突出科研成果。

2. 实事求是，列项汇报，群众公认。

3. 量化计分和群众评议打分相结合。

三、适用范围

本图书馆及下级单位在编的事业人员均适用本绩效考核评定办法。

四、考核指标及标准

图书馆人员考核指标及标准如下表所示。

图书馆人员考核指标及标准表

考核项目	分值	指标评分标准	得分
工作态度 （20分）	5	遵纪守法、爱岗敬业、廉洁自律	
	5	自觉服从工作安排	
	5	积极参加业务培训，提升岗位技能	
	5	积极参加处室政治、业务学习	
工作能力 （20分）	10	能胜任本职工作，业务熟练	
	10	工作中有创新精神，能创造性地做好本职工作	
工作成绩 （40分）	10	认真履行岗位职责，无责任事故	
	10	工作效率高，能高质量、按时完成工作任务	
	10	工作中有合作精神，服务意识强	
	10	获得各级各类表彰或奖励，或受到单位发文通报表扬	
工作出勤 （20分）	10	满勤	
	10	有事先请假，不迟到/早退，不串岗	
合计得分	100	—	
加分项			
科研成果	—	以第一著者提交或发表论文（经检测合格）或获奖，按以下等级加分： 1. 市级论文：1篇2分，优秀奖2.5分，三等奖4分，二等奖6分，一等奖10分 2. 省级论文：1篇4分，优秀奖4.5分，三等奖6分，二等奖8分，一等奖14分 3. 国家级（专业核心期刊）论文：1篇8分，优秀奖8.5分，三等奖10分，二等奖15分，一等奖20分 4. 其他科研成果由单位绩效考核组评定后按1~3的标准计分	

续表

创新服务	—	业务工作或服务工作改进创新1项加5分，效果好加7分	
其他	—	个人提出，单位绩效考核组组织群众评议打分	
减分项			
读者投诉	—	经核实的读者投诉，一般投诉扣3～5分，严重投诉扣6～10分	
工作出勤	—	病假1天扣0.5分，事假1天扣1分	
总计得分			

备注：发表论文或获奖等，须将原件和复印件提交图书馆办公室审核，其他突出表现值须将相关记录提交图书馆办公室核实。

五、考核实施及结果应用

1. 图书馆人事处负责考核的实施，并汇总、统计考核结果。

2. 考核结果公布后，图书馆人事处负责考核结果的沟通和申诉处理工作。

3. 考核等级按考评分数排序，考评总人数前30%为年度绩效优秀，前15%为年度先进工作者。

4. 凡具有技术职务的人员每年应在学术研讨会或学报中，提交或发表论文1篇，2年内在正式刊物上发表论文1篇，3年内主持或参加省级科研项目。达不到以上条件者不能评定为年度绩效优秀和年度先进工作者。

六、其他

1. 本考核办法经图书馆馆长及上级主管单位审批后执行，图书馆人事处负责解释，修改时亦同。

2. 本考核办法自____年__月__日起执行。

二、图书馆馆长绩效考核标准表

考核项目		考核要求	标准分	得分
工作能力 (25分)	业务能力 (15分)	熟悉图书馆业务知识，熟悉本岗位职责和业务规范	5	
		组织做好图书馆的服务功能定位	5	
		掌握图书馆职工工作特点，不断总结和改进工作	5	
	领导能力 (10分)	做好全馆职工管理，使之明确分工，各司其职	5	
		协调图书馆各项内外部资源，及时发现、处理图书馆的各项问题	5	
工作业绩 (67分)	保障图书馆管理体系完整和有效运行 (40分)	根据上级的工作计划，确定本馆的年度管理目标，制订工作计划并组织实施	5	
		制订和完善图书馆的管理体系和各项规章制度，并督促管理制度的有效执行	5	
		指导、审定本馆各项工作计划和具体工作的开展，定期检查，及时总结工作，并向上级汇报	5	
		指导各处室的工作，保障各处室工作有效开展	5	
		协调全馆各部门的工作，即使处理和解决相关工作问题	5	
		组织做好综合治理和防盗、防火等安全工作	5	
		组织图书馆的对外形象推广实施	5	
		组织协调图书馆的危机公关处理	5	
	做好上传下达工作 (15)	认真筹划图书馆的建设和发展的相关问题，积极向上级提出改进建议和决策依据	5	
		协调好与图书馆上下级组织之间的关系，加强联系，促进工作顺利开展	5	
		传达、贯彻上级的各种工作布置并落到实处	5	

续表

考核项目		考核要求	标准分	得分
工作业绩 (67分)	图书馆 人员管理 (10分)	图书馆人才队伍建设，选拔、评价下属人员	2	
		抓好全馆人员的政治学习、思想教育工作	2	
		组织安排好图书馆人员的业务进修和培训计划，提高职工素质和业务能力	2	
		组织图书馆人员的考核、职称评审、晋级和奖惩等工作，并组织上报	2	
		关心职工生活，解决好职工的福利和其他实际问题，调动全馆职工的工作积极性和创造性	2	
	其他(2分)	完成上级安排的其他工作	2	
工作态度 (8分)	政治思想 (4分)	热爱祖国，拥护中国共产党，认真贯彻和国家的路线、方针、政策	2	
		遵纪守法、爱岗敬业、廉洁自律	2	
	职业道德 (4分)	热爱本职工作，事业心强，有敬业精神和职业荣誉感，力求上进，有良好的职业道德	2	
		有高度责任感，顾全大局，团结同志，服从领导，听从分配	2	
得 分			100	

三、图书馆业务副馆长绩效考核标准表

考核项目		考核要求	标准分	得分
工作能力 (25分)	业务能力 (10分)	熟悉图书馆业务知识，熟悉本岗位职责和业务规范	5	
		协助馆长做好图书馆的服务功能定位及各项管理工作	5	
	领导能力 (10分)	协调馆长加强图书馆职工队伍建设	5	
		协助馆长做好图书馆职工的政治、文化、业务指导及管理工作	5	

续表

考核项目		考核要求	标准分	得分
工作业绩 (67分)	配合保障图书馆管理体系完整和有效运行 (22分)	协助馆长负责主持研究、决策馆内有关业务的建设和改革工作，并组织解决业务工作中出现的疑难问题	5	
		协助馆长制订和完善图书馆的管理体系和各项规章制度	4	
		协助馆长负责主持研究、决策馆内有关业务的建设和改革工作，并组织解决业务工作中出现的疑难问题	4	
		协助做好图书馆设备设施的使用管理和维护、维修等工作，确保各项业务的正常开展和国有资产的完好、安全	3	
		协助馆长拓展图书馆职能，发挥图书馆的教育职能，开展各项教育活动	3	
		协助馆长做好地方文献征集巩固，发放地方文献征集启事，全方位、多渠道收集地方文献	3	
	做好图书馆业务工作 (40)	主持制订图书馆事业发展规划及有关业务工作方面的规章制度、工作细则、原则办法等	5	
		领导全馆学术、业务研究，主持学术评审委员会工作	5	
		承担图书馆的对外学术、业务交流工作	5	
		负责图书馆对外有关业务资料的审定工作	5	
		负责全馆职称评聘工作及专业技术岗位的核准工作	5	
		负责全馆社会办学的策划、决策、监督、指导工作	5	
		定期检查分管各项工作的落实情况，按时组织各项工作材料上报	5	
		传达、贯彻上级的各种工作布置并落到实处	5	
	协助图书馆人员管理工作 (8分)	协助馆长做好全馆人员的考核、评比工作	2	
		协助馆长定期组织各处室和全体职工进行工作总结，向上级主管部门和分管领导提交图书馆阶段性、单项工作和年度工作总结	2	
		协助馆长做好全馆人员的政治学习、思想教育工作	2	
		协助开展系列图书馆业务知识讲座，发挥图书馆的阅读引导作用	2	
	其他(2分)	完成上级安排的其他工作	2	

续表

考核项目		考核要求	标准分	得分
工作态度 (8分)	政治思想 (4分)	热爱祖国，拥护中国共产党，认真贯彻党和国家的路线、方针、政策	2	
		遵纪守法、爱岗敬业、廉洁自律	2	
	职业道德 (4分)	热爱本职工作，事业心强，有敬业精神和职业荣誉感，力求上进，有良好的职业道德	2	
		有高度责任感，顾全大局，团结同志，服从领导，听从分配	2	
得　分			100	

四、图书馆办公室主任绩效考核标准表

考核项目		考核要求	标准分	得分
工作能力 (22分)	业务理论水平和业务工作能力 (12分)	积极学习图书馆业务知识，熟悉本岗位业务工作，努力学习本职工作的岗位责任和业务规范，保质保量完成本职工作	4	
		掌握本职工作规律和特点，不断总结和改进工作	4	
		具有与本职称、岗位相符的理论知识和实际操作技能，能独立解决问题	4	
	执行能力 (10分)	有本职称及岗位相符的文字表达能力，能起草本质范围内的文件、规定	5	
		工作有计划，能按时完成任务，工作效率高	5	
工作业绩 (70分)	保证图书馆管理体系完整和有效运行（15分）	参与制订和完善图书馆的管理体系和各项管理制度，并督促管理制度的有效执行	7	
		协调全馆各部门的工作，及时处理和解决相关问题，协助馆领导提高各部门的执行力	8	
	为馆领导提供决策支持，并跟踪落实（15分）	协助馆领导制订图书馆长期发展规划和年度计划	4	
		协助馆长组织全馆性活动	4	
		建立馆员与馆领导的沟通渠道，了解馆员的需求和对图书馆的意见和建议	3	
		安排有关馆工作和办公会议，做好会议记录，形成会议纪要，跟踪会议决议	4	

续表

考核项目		考核要求	标准分	得分
工作业绩 (70分)	图书馆形象推广和对外联络 (10分)	图书馆形象设计和推广实施	3	
		审定图书馆对外宣传、报道工作	2	
		服务监督与反馈，认真对待及及时处理来自读者的意见和投诉，3个工作日内回复并整改及落实	2	
		组织图书馆做好外来参观接待、馆情介绍等服务工作	2	
		组织协调图书馆的危机公关处理	1	
	图书馆文化建设 (6分)	组织图书馆内部职工活动，每季度1次	3	
		组织图书馆内部信息发布和内部刊物的印制，每季度1期	3	
	图书馆行政办公服务 (11分)	协助管理者做好经费预算及财务管理，根据需要及时清款报账，并定期向馆领导汇报各项收支情况	2	
		办理图书馆的办公用品采购、发放和管理	2	
		图书馆固定资产的管理	2	
		图书馆档案和资料的收集、管理、查阅和借阅管理	1	
		图书馆印章管理、合同涉及和一般法律事务处理	1	
		图书馆复印、打印工作	1	
		图书馆工会工作	2	
	图书馆后期服务 (6分)	图书馆内部环境的管理，包括办公场所的整体布置、绿化、清洁等	2	
		保证办公场所的水、电、空调、电话等设施完好	2	
		图书馆的保安与消防管理，进行检查，保障图书馆安全	2	
	部门内部管理 (5分)	制定、修订办公室的工作程序和工作制度，并监督实施	2	
		办公室队伍建设，选拔、评价下属人员，组织部门技能培训	2	
		指导下属人员制订阶段工作计划，并监督实施	1	
	其他(2分)	其他领导交办的工作	2	

续表

考核项目		考核要求	标准分	得分
工作态度 （10分）	政治思想 （4分）	热爱祖国，拥护中国共产党，认真贯彻党和国家的路线、方针、政策	2	
		遵纪守法、爱岗敬业、廉洁自律	2	
	职业道德 （4分）	热爱本职工作，事业心强，有敬业精神和职业荣誉感，力求上进，有良好的职业道德	2	
		有高度责任感，顾全大局，团结同志，服从领导，听从分配	2	
	考勤 （2分）	严格执行考勤制度，无迟到、早退情况，根据制度规定履行请假手续	1	
		根据排班完成值班工作	1	
		得　分	100	

五、采编部主任绩效考核标准表

考核项目		考核要求	标准分	得分
工作能力 （22分）	业务理论水平和业务工作能力 （15分）	掌握图书分类知识，对《中国图书馆分类法》《主题词表》等有较深的研究，对本馆藏书专业、学科有一定了解，归类准确、一致	5	
		掌握本职工作规律和特点，不断总结和改进工作	5	
		具有与本职称、岗位相符的理论知识和实际操作技能，能独立解决问题	5	
	执行能力 （10分）	本职范围内，有本职称及岗位相符的文字表达和文件起草能力	5	
		工作有计划，能按时完成任务，工作效率高	5	

续表

考核项目		考核要求	标准分	得分
工作业绩 (70 分)	工作业绩 (48 分)	组织完成每年的期刊征订、图书订购、文献资料的采购及招标工作	10	
		按时组织完成图书、期刊的采访、编目、审校等工作	10	
		组织做好馆藏文献资料的分析工作	10	
		组织做好馆内书目的数据维护,及时安排处理其他人员反映的馆藏书目数据问题	8	
		组织做好期刊、图书、文献资料的验收入库工作	5	
		与图书供应商建立良好的联系,收集图书出版发行信息	5	
	部门内部管理 (15 分)	配合馆长制定、修订采编部的工作程序和工作制度,并监督实施	5	
		采编部队伍建设,选拔、评价下属人员,组织部门技能培训	5	
		指导下属人员制订阶段工作计划,并监督实施	5	
	其他 (2 分)	其他领导交办的工作	2	
工作态度 (10 分)	政治思想 (4 分)	热爱祖国,拥护中国共产党,认真贯彻党和国家的路线、方针、政策	2	
		遵纪守法、爱岗敬业、廉洁自律	2	
	职业道德 (4 分)	热爱本职工作,事业心强,有敬业精神和职业荣誉感,力求上进,有良好的职业道德	2	
		有高度责任感,顾全大局,团结同志,服从领导,听从分配	2	
	考勤 (2 分)	严格执行考勤制度,无迟到、早退情况,根据制度规定履行请假手续	1	
		根据排班完成值班工作	1	
得　分			100	

六、图书馆馆员绩效考核标准表

考核项目		考核要求	标准分	得分
工作能力 (25分)	业务能力 (10分)	熟悉图书馆业务知识，熟悉本岗位职责和业务规范	5	
		协助馆长做好图书馆的服务功能定位及各项管理工作	5	
	领导能力 (10分)	协调馆长加强图书馆职工队伍建设	5	
		协助馆长做好图书馆职工的政治、文化、业务指导及管理工作	5	
工作业绩 (67分)	配合保障图书馆管理体系完整和有效运行 (35分)	根据图书馆工作职能，协助馆长制订分管领域的工作计划，并组织、监督实施	5	
		协助馆长制订和完善图书馆的管理体系和各项规章制度	5	
		协助做好图书馆设备设施的使用管理和维护、维修等工作，确保各项业务的正常开展和国有资产的完好、安全	5	
		协助馆长拓展图书馆职能，发挥图书馆的教育职能，开展各项教育活动	5	
		协助馆长做好地方文献征集工作，发放地方文献征集启事，全方位、多渠道收集地方文献	5	
	做好分管领域的工作 (25)	负责分管领域的全面管理工作，对馆长负责	10	
		定期检查分管各项工作的落实情况，按时组织各项工作材料上报	10	
		传达、贯彻上级的各种工作布置并落到实处	5	
	协助图书馆人员管理工作 (8分)	协助馆长做好全馆人员的考核、评比工作	4	
		协助馆长定期组织各处室和全体职工进行工作总结，向上级主管部门和分管领导提交图书馆阶段性、单项工作和年度工作总结	4	
		协助馆长做好全馆人员的政治学习，思想教育工作	4	
		协助开展系列图书馆知识讲座，发挥图书馆的阅读引导作用	4	
	其他（2分）	完成上级安排的其他工作	2	

续表

考核项目		考核要求	标准分	得分
工作态度（8分）	政治思想（4分）	热爱祖国，拥护中国共产党，认真贯彻党和国家的路线、方针、政策	2	
		遵纪守法、爱岗敬业、廉洁自律	2	
	职业道德（4分）	热爱本职工作，事业心强，有敬业精神和职业荣誉感，力求上进，有良好的职业道德	2	
		有高度责任感，顾全大局，团结同志，服从领导，听从分配	2	
得　分			100	

第三节　图书馆人员绩效薪酬设计

一、图书馆人员绩效薪酬情况概述

目前，图书馆在岗位绩效工资制度的实施过程中，由于工资制度内外配套制度改革没有及时跟进、统筹考虑等原因，在政策执行过程中也出现了一些不容忽视的问题。图书馆的岗位设置以现有职称、职务序列为基础，按照职称、职务、任职年限、工龄、获奖等因素来进行岗位评价，并且绝大多数都没有再次竞聘上岗，而直接对应岗位工资。这样完全背离岗位工资设置的初衷，使"名义上岗位工资"依旧成为"实际上的身份工资"。甚至还有的图书馆"双岗位工资、双绩效工资"的情况，即国家工资制度规定了一套岗位工资、绩效工资，而图书馆多年以来一直实施岗位性津贴、绩效性津贴。

二、图书馆人员绩效薪酬设计

（一）岗位薪级工资的确定

图书馆岗位工资主要体现工作人员所聘岗位的职责和要求。事业单位岗位分为专业技术岗位、管理岗位和工勤技能岗位。专业技术岗位设置13个等级，管理岗位设置10个等级，工勤技能岗位分为技术工岗位和普通工岗位，技术工岗位设置5个等级，普通工岗位不分等级。不同等级的岗位对应不同的工资标准。工作人员按所聘岗位执行相应的岗位工资标准。

薪级工资主要体现工作人员的工作表现和资历。对专业技术人员和管理人员设置65个薪级；对工人设置40个薪级，每个薪级对应一个工资标准。对不同岗位规定不同的起点薪级。工作人员根据工作表现、资历和所聘岗位等因素确定薪级，执行相应的薪级工资标准。

2006年，国家人事部颁发了《事业单位岗位设置管理试行办法》（国人部发[2006]87号），办法规定：由国家机关举办或者其他组织利用国有资产举办的事业单位，包括经费来源主要由财政拨款、部分由财政支持以及经费自理的事业单位，都要实施岗位设置管理。根据事业单位的社会功能、职责任务、工作性质和人员结构等特点，综合确定事业单位管理岗位、专业技术岗位、工勤技能岗位总量的结构比例。三类岗位的结构比例由政府人事行政部门和事业单位主管部门确定，其主要控制标准如下：主要以专业技术提供社会公益服务的事业单位，应保证专业技术岗位占主体，一般不低于单位岗位总量的70%；主要承担社会事务管理职责的事业单位，应保证管理岗位占主体，一般应占单位岗位总量的一半以上；主要承担技能操作维护、服务保障等职责的事业单位，应保证工勤技能岗位占主体，一般应占单位岗位总量的一半以上。各省（自治区、直辖市）、国务院各有关部门根据实际情况，按照《实施意见》和行业指导意见，制定本地区本部门事业单位三类岗位结构比例的具体控制标准。具体的岗位等级设置办法如下：

管理岗位等级设置：管理岗位的最高级和结构比例根据事业单位的规模、隶属关系，按照干部人事管理有关规定和权限确定；事业单位现行的部级正职一直到科员分别对应管理岗位1—10级职员岗位；根据事业单位的规格、规模和隶属关系，按照干部管理权限设置事业单位各等级管理岗位的职员数量。

专业技术人员：专业技术岗位的最高等级和结构比例按照事业单位的功能、规格、隶属关系和专业技术水平等因数，根据现行专业职务管理有关规定和行业指导意见确定；专业技术职务岗位分13个等级，其中，正高级岗位包括1—4级，副高级岗位包括5—7级，中级岗位包括8—10级，初级岗位包括11—13级（13级为员级岗位）。专业技术高级、中级、初级岗位之间，以及高级、中级、初级岗位内部之间的结构比例，根据地区经济、社会事业发展水平和行业特点，以及事业单位的功能、规格、隶属关系和专业技术水平，实行不同的结构比例控制。专业技术高级、中级、初级岗位之间结构比例全国总体控制目标为1:3:6。其中，正高级职务的2、3、4级岗位之间的比例为：1:3:6；副高级职务的5、6、7级岗位之间的比例为2:4:4；中级职务的8、9、10级岗位之间的比例为3:4:3；初级职务的11、12级岗位之间的比例为5:5。各省（自治区、直辖市）、国务院有关部门要根据实际情况，在总价事业单位专业技术职务结构比例管理经验的基础上，按照优化结构、合理配置的要求，制订本地区、本部门事业单位专业技术职务高中初级岗位之间及其内部结构比例关系控制的标准和办法，各级人事部门及事业单位主管部门要严格设置专业技术岗位结构比例，严格控制高级专业技术岗位的总量，事业单位要严格执行高级专业技术岗位的总量，事业单位要严格执行核准的专业技术岗位结构比例。

工勤技能岗位：工勤技能岗位的最高等级和结构比例按照岗位等级规范、技能水平和工作需要确定。事业单位中高级技师、技师、高级工、中级工、初级工，一次分别对应1—5级岗位。1、2、3级岗位的总量占工勤技能岗位总量的比例全国总体控制目标为25%左右，1、2级岗位的总量占工勤技能岗位总量的比例全国总体控制目标为5%左右。

从以上规定可以看出，对单个的事业单位来说，科学地设岗和按岗定酬还不难做到。但是，面对数量庞大、情况复杂的全国80多万个事业单位、近3000万职工，如何对千差万别的事业单位进行统一的岗位设置和岗位评价，是一个非常棘手的难题。各地区以及各行业主管部门依然难以做到，岗位结构比例的控制，如果不采取切实可行的管理办法，弄不好又会陷入职称数膨胀的困境。

（二）绩效工资的确定

绩效工资主要体现工作人员的实绩和贡献。国家对事业单位绩效工资分配进行总量调控和政策指导。事业单位在核定的绩效工资总量内，按照规范的程序和要求，自主分配。事业单位实行绩效工资后，取消现行年终一次性奖金，将一个月基本工资的额度以及地区附加津贴纳入绩效工资。

图书馆也应遵循以上规定。

图书馆绩效工资主要依据单位绩效、部门绩效、个人绩效等综合因素来确定，并与考核结果挂钩，按月（季、半年或年）发放。绩效工资的计算公式如下：

绩效工资 = 绩效工资基薪×单位考核系数×部门考核系数×个人考核系数

其中：

绩效工资基薪，由各单位根据绩效工资总额和单位效益情况确定。

单位考核系数、部门考核系数和个人考核系数，主要依据考核结果确定。其中，员工个人考核最终结果分为A、B、C、D、E五个级别，完成绩效考核目标值C级为晋级点。

当考核结果为E级时，绩效工资为0。

当考核结果为D级时，绩效工资=绩效工资基薪×单位考核系数×部门考核系数×（考核分数－D级起点分数）／（C级起点分数－D级起点分数），绩效工资在0到1倍基薪之间。

当考核结果为C级时，绩效工资=绩效工资基薪×单位考核系数×部门考核系数×[1+0.5×（考核分数－C级起点分数）／（B级起点分数－C级起点分数）]，绩效工资在1倍基薪到1.5倍基薪之间。

当考核结果为B级时，绩效工资=绩效工资基薪×单位考核系数×部门考核系数×[1.5+0.5×（考核分数－B级起点分数）／（A级起点分数－B级起点分数）]，绩效工资在1.5倍基薪到2倍基薪之间。

当考核结果为A级时，绩效工资=绩效工资基薪×单位考核系数×部门考核系数×[2+（考核分数－A级起点分数）／（A级封顶分数－A级起点分数）]，绩效工资在2倍基薪到3倍基薪之间。

第四节 图书馆人员素质测评

一、图书馆人员素质测评概述

人员素质测评是当前很流行的一个术语,它能对人的知识水平、能力、个性特征、职业倾向、发展潜力等素质进行综合测评,它的理论、方法和技术对提高人员素质、工作绩效、安全保障等发挥着越来越重要的作用。

(一) 人员素质测评的概念

人员素质测评,是以心理学、统计学、测量学、组织行为学及人力资源管理学等学科为基础,由测评主体根据一定的理论并采用标准化的技术和方法,收集被测评者在主要活动领域中行为事实的表征信息,针对某一人员素质测评指标体系对其进行测量和价值判断的过程。

针对上述定义,可以对其进行以下解释。

上述定义中的前一部分主要是"测"(测量)的工作,后一部分主要是"评"(评价)的工作,其中,"测"是综合运用心理学、数理统计、模拟数学等学科知识来为测量对象指派一个科学、合理、有效的数字,而"评"主要是在"测"的基础上进行深入的分析。

"测评主体"既可以是个体又可以是集体,既可以是自我也可以是他人,既可以是上级也可以是下级或同级。

人员素质测评要有独立的研究对象,它的研究对象是被测个体(如个人、团队、组织等)在主要活动领域中的各种特性(如能力、性格等)。

"标准化的技术和方法"是被实践所证明的、全面的、方便的测量手段、评价方法、调查方法和研究方法等，如比较分类法、抽样统计法、因果关系分析法等。

"主要活动领域"，一般是指个人工作和生活中所处的"组织位置"或"主要场所"，"组织位置"如生产活动、销售活动、科研活动等领域，"主要场所"如工作场所、家庭或亲友群等。

"素质测评指标体系"主要是指内在联系的一系列素质测评指标。

"价值判断"是一种能动的思维活动，是一种"升华"现象。由于价值判断是以所收集的特征信息为依据的，它一方面包括对客观特征信息的概括，另一方面是测评主体主观能动性的体现，所以这种活动既是主观的又是客观的。

（二）人员素质测评的内容

人员素质是构成独特个体的内部属性，是个体完成任务、形成绩效及继续发展的前提，素质具有内隐性、表出性、稳定性、可塑性、层次性、统合性、差异性等特征。素质的构成成分如图6-3所示。

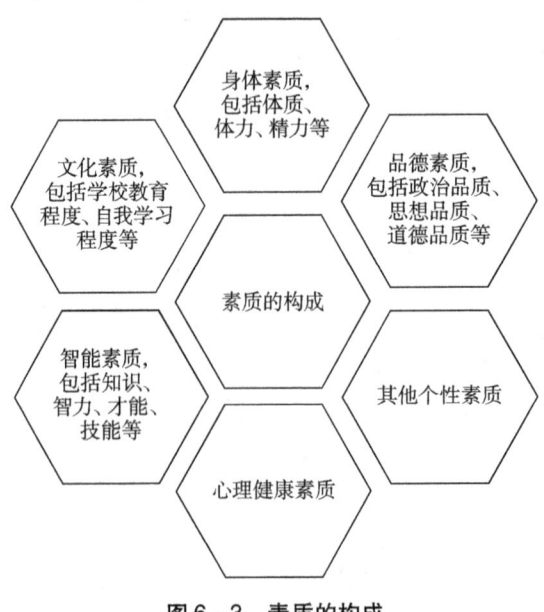

图6-3 素质的构成

人的复杂性决定人员素质测评的内容构成十分广泛，图书馆人员素质测评主要考察的是个人稳定的素质特点，根据素质的构成成分，人才测评的内容通常包括知识因素、品德因素、能力因素、动力因素、性格因素、情商因素等方面。

1. 知识因素

知识是人们在认识世界、改造世界的实践中所获得的认识和经验的总和。按现代认知心理学的理解，可以将其分为陈述性知识和程序性知识两类，前者是描述客观事物的特点及关系的知识，而后者是一套关于办事的操作步骤和过程的知识。

另外，知识还可以分为一般知识和专业知识，一般知识是各行业所需的基本知识，如文字读写、计算能力、电脑运用等。专业知识是从事某一特定行业所需的特殊知识，如建筑师除掌握一般知识外，还应能够提供各种建筑的主体设计、户型设计、外墙设计、景观设计等。

2. 品德因素

个人品德是个人在社会化过程中形成的稳定的心理特征和倾向，是一个人在行为和作风上所表现的思想和品质的本质，是个人遵守社会规范、进行社会活动的内在调节机制。它包括政治品质、思想品质、道德品质等。

品德水平的高低直接影响个人在社会情境中的价值选择，如在某些情境下是选择从个人利益出发还是从社会利益出发。由于在测试时，人会掩饰自己，所以对品德的测试是最困难的。

3. 能力因素

能力是顺利完成某种活动所必须具备的特征，它是由先天遗传、后天学习及实践相结合而逐渐形成发展起来的，如思维能力、观察能力、应变能力、管理能力、创新能力等。

能力是影响个人和组织发展的基本因素，不同职业对人有不同的能力要求，不同人的能力构成不同。有的人观察能力强，有的人交际能力强，有的人形象思维能力强，所以个人在职业生涯规划时应充分考虑自己的能力特点，选择能够发挥自己能力优势的职业。

4. 动力因素

动力因素包括价值观、动机和兴趣等。

价值观代表了人们最基本的信念，是指一个人对周围的客观事物的意义、重要性的总评价和总看法，它决定一个人选择干什么，应该干什么。

动机是指由特定需要引起的、欲满足各种需要的特殊心理状态和意愿。动机的强烈程度能够对行为过程的效率和结果产生很大影响。动机可以是内源性动机，如成就感、责任感等，也可以是外源性动机，如在工作环境中的外源性动机有工资、福利和晋升等。

兴趣是个体对某种活动或某种事物积极探索的倾向或喜好，当个人的兴趣与行动方向一致时，可以使行为更加有效。

5. 性格因素

性格是指个人对现实的态度和习惯性的行为方式中表现出来的较为稳定的心理特征。性格是人的原始动力，是在个体生理素质基础上，结合社会实践活动而逐步形成和发展的。性格是个体区别于他人的最主要的标志，且它与岗位之间存在着特定的匹配关系。如具有热情、活泼开朗性格的人比较适合从事娱乐、服务等行业，具有内向、严谨性格的人比较适合从事会计、科研等行业。

6. 情商因素

情商又称为情绪智力，主要是指人在情绪、情感、意志、耐受挫折等方面的品质。情商的价值是无量的，有时其作用甚至要超过智商，情商伴随着社会人的一生，是后天培养与修炼都能达到的。

情商测评不像智力水平那样可以通过测验分数比较准确地表现出来，目前对情商测评具有权威性的测评工具不是很多，通常只是根据个人的综合表现进行判断，或在综合测评中加入若干情商因素进行考评测量。

二、图书馆人员素质测评方法

图书馆人员素质测评应根据需要选取合适的测评方法,常用的素质测评方法主要有心理测验、笔试测评、面试测评和评价中心测评。

(一)心理测验

心理测验又称心理测评,是指通过运用心理学原理,了解人的能力水平和人格特征等的测验方法。美国心理测验学家阿纳斯塔西(Anastasi)于1961年认为,心理测验实质上是行为样组客观的和标准化的测量。

正如上述阿纳斯塔西的定义,心理测验的实质是通过对被测评者少数行为的测量,来推断其某一领域全部行为及其内在心理特质水平。在一次测验中不可能对被测评者的全部心理特征相对应的行为领域进行测量,所以只能通过有代表性的行为样本来推论整体,即它是对行为样本客观的和标准化的测量。一般来说,心理测验主要包含行为样本(代表性)、标准化和客观性三个要素。

心理测验主要包括人格测验、品德测评和职业兴趣测验。

1. 人格测验

人格测验工具在生活和工作中的应用越来越普遍,每个测验工具都有其自身的假设前提和理论基础,且测量维度也是不同的,即使是同一个名称的测量维度在不同测验工具里的含义也可能会有差别,所以个人或单位在测评时要依据测量目的和测量因素有针对性地选择测验工具。

常用的人格测验工具包括卡特尔16种性格因素测评量表、艾森克人格测评问卷、明尼苏达多项人格测验、个性测评量表和"大五"人格模型等。

(1)卡特尔16种性格因素测评量表(16PF)。卡特尔16种性格因素测评量表是通过让被测评者回答一系列问题,测算出16种因素的特征,根据这些特征测量人的人格特征和职业倾向。

根据被测评者16个因素的结果,分析被测评者在性格内外特性、心理健康状态、学习与适应新环境的成长能力、专业有成就的性格因素、创造能力的性格因素五个方面的表现。

(2) 艾森克人格测评问卷（EPQ）。艾森克人格测评问卷主要用来测量人们在内外倾向、情绪性和心理变态倾向三个方面的表现程度。问卷采用是非题的形式，从精神质、内外倾向、神经质和效度四个维度设计量表，根据被测评者各个量表分数特征分析其人格特征。

(3) 明尼苏达多项人格测验（MMPI）。明尼苏达多项人格测验由明尼苏达大学教授哈瑟韦（S. R. Hathaway）和麦金力（J. C. Mckinley）于40年代制订的。MMPI共有566道题目，其中16道是重复性的题目，用以检验被测评者反应的一致性和回答是否认真。MMPI有10个临床量表，可以得到10个分数，代表10种人格特质，还有4个与效度相关的量表，用以考察被测评者的作答态度。该量表适用16岁以上的成年人，要求具有小学以上文化程度。

(4) 个性测评量表（DISC）。个性测评量表从支配性、影响性、稳定性和服从性四个维度设计量表，根据被测评者各量表的得分综合分析测评人的人格特征。

(5) "大五"人格模型。1989年，美国心理学家麦克雷和科斯塔等人提出了"大五"人格模型，它把人格分成五个方面来描述，分别是情绪稳定性、外向性、开放性、宜人性和责任感。

情绪稳定性，表现为焦虑、敌对、压抑、自我意识冲动、脆弱。外向性，表现为热情、社交、果断、活跃、冒险、乐观。开放性，表现为想象、审美、情感丰富、求异、智能。宜人性，表现为信任、直率、利他、依从、谦虚、移情。责任感，表现为胜任工作、公正、有条理、尽职、成就、自律、谨慎克制。

2. 品德测评

品德测评主要有FRC品德测评法和OSL品德测评法。

(1) FRC品德测评法。FRC品德测评法是指事实报告、计算机辅助分析的考核性品德测评方法。该方法的主要思想是借助计算机分析技术从个体品德结构要素中确定一些基本要素,再从基本要素中选择一些表征行为或事实,然后要求被测评者就是否具备这些表征行为与事实予以报告。报告的方式可以是个别谈话,也可以是集体问卷。

每个人员所表征的行为经过光电信息处理后,即储存于个人品行信息库中,然后计算机根据专家仿真系统对被测评人员报告的表征行为进行分析,做出定性或定量的评定。

(2) OSL品德测评法。OSL品德测评法是一种以品德素质开发为目的的行为测评方法,或者称为开发性品德测评,是一种表现为品德测评的素质开发方法,是发挥测评开发作用的一种实体建构模式。其中,O代表on(做到),S代表short(稍差),L代表long(较差)。

OSL品德测评法实际执行过程中,为了避免实际打分或评语给被测评人员带来刺激,使用折中的方法,将测评结果划分成"做到""稍差""较差"三种情况,并代以O、S、L的符号,使记录简便又避免了刺激。

3. 职业兴趣测验

职业兴趣测验主要包括职业适应性测验和职业价值观测验两种。

(1) 职业适应性测验。职业适应性测验有斯特朗-坎贝尔兴趣调查、库德职业兴趣调查和霍兰德职业兴趣测验。

①斯特朗-坎贝尔兴趣调查(SCLL)。SCLL最新版本中的项目包括325个,有264个量表,其中包括6个一般职业主题量表,23个基本职业兴趣量表,207个具体职业兴趣量表,2个特殊量表和26个管理指标量表。SCLL适用于初高中以上的被测评者。

②库德职业兴趣调查。库德职业兴趣测验是由一系列题目构成,每三个题目为一组,它要求被测评者根据自己的实际情况必须在每一组中选出一个自己最喜欢的和一个自己最不喜欢的,必须对每组测试都进行选择,该量表采用的是"强迫选择"技术量表。

③霍兰德职业兴趣测验。霍兰德的职业兴趣测验的假设是,人可以分为六大类,即现实型、研究型、社会型、传统型、企业型、艺术型,同时

职业环境也可分成相应的六大类，他认为人格与职业环境的匹配度是形成职业满意度、成就感的基础。

（2）职业价值观测验。价值观是支配个体行为的总指挥，是个人行为和态度的基础，在同等条件下，不同价值观的人会表现出不同的行为和态度。通过职业价值观测验，可以了解自己的职业价值观倾向，这对个人选择、个人能力提升等有重要的作用，可以使个人在处理问题上更加成熟、理智和客观。

价值观的类型有不同的划分。美国社会学家罗克奇提出目的性价值观和工具性价值观两类价值系统。德国教育学家斯普兰格认为，人的价值观有理论型、经济型、审美型、社会型、权力型和宗教型六种类型。还有格雷夫斯的七个等级价值观、日本学者的九类职业价值观等。

①罗克奇的两类价值系统

➢目的性价值观（Terminal Values）。目的性价值观是指个体存在的最终目的，包括个人价值和社会价值，如个体存在的最终价值是为了得到真挚的友情，是为了创造和谐社会。目的性价值观是用来表示个体存在的理想化终极状态和结果。

➢工具性价值观（Instrumental Values）。工具性价值观指达到目的性价值观的手段或行为模式，主要包括道德和能力两个方面。

②斯普兰格的六种类型价值观

➢理论型。表现为能冷静客观地观察事物，具有实验的、理性的和批判的爱好，对实用和功利缺乏兴趣，如大多数的理论家、哲学家。

➢经济型。表现为强调事物的实用性，凡事以有效和实惠为尺度进行评价，如大多数的实业家。

➢审美型。表现为以美为最高人生意义，喜欢从优雅、优美、对称和恰当的角度评价事物的价值，如艺术家。

➢社会型。表现为利他与仁慈，该类型的人在生活中表现出关爱、宽容、富有同情心、无私等品德，如教育工作者，慈善工作者。

➢权力型。该类型的人重视个人权利、影响力和声望，有支配和命令别人的欲望，但不愿为人所控制。

➢宗教型。该类型的人是理想信念主义者，如神学家。

（二）笔试测评

笔试属于一种传统的测评技术，它是指被测评者在统一时间和统一地点，按照测评者或测评组织的统一要求，通过纸笔测验的形式完成测试题目，测评者按统一测评标准测验被测评者所掌握的知识数量、知识结构与知识程度的一种方法。

笔试的测试题目一般是根据被测评者将要从事的工作的性质、工作条件和岗位职责所必备的理论知识等测评要素来设计的。通过笔试可以测量被测评者的专业知识、基本知识、外语知识、文字表达能力、逻辑分析能力等素质能力的差异。

（三）面试测评

面试是图书馆最常用的、必不可少的测评手段之一。单位对职工的实际工作能力和发展潜力越来越重视，因此，面试在人员招聘、配置等环节占有非常重要的地位。

狭义的面试是指面谈，即面对面进行口试、你问我答的过程。它是测评者在面试的过程中对被测评者的语言与行为表现进行客观评价，以此确定被测评者与特定岗位的素质标准的匹配度。广义的面试，是指测评者通过与被测评者直接交谈，或者置被测评者于某种特定情境中进行观察，以此完成对其适应岗位要求的条件进行测评的过程。

面试是一种动态的信息沟通过程，它是在特定时间、特定空间、特定情境下，测评者通过被测评者的口头回答，来评定其行为特征、语言表达能力、分析推断能力等方面的素质特征。

根据划分方法的不同，面试具有不同的类型。

1. 根据面试内容的构成方式划分

根据面试内容的构成方式划分，面试可以分为结构化面试和非结构化面试。

（1）结构化面试，又称为模式化面试，它指的是依照提前准备的内容、程序、评分标准、分值结构等进行的面试形式，该类型的面试结构严密，面试程序性强，评分模式固定。在面试过程中，测评者需要根据事先拟定好的面试提纲逐项对被测评者进行测评。如公务员录用和竞争上岗面试等都将其作为一种主要方法。

（2）非结构化面试，通常没有必须要遵循的模式、程序和框架。由于没有既定的结构，测评者可以进行跟踪式的提问，也可以根据现场情景拟定问题。另外，非结构化面试中很少有对回答做出评价的规范化标准，所以要求测评者必须在面试的过程中从总体上把握面试效果。非结构化面试具有很强的灵活性，同时也具有效度不高的缺点。

2. 根据面试中提问的类型来分

根据面试中提问的类型来分，可以分为情景面试、行为描述面试、演讲法面试和压力面试。

（1）情景面试，是将被测评者置于某一具体情景中，根据被测评者在该情景中的言行等来观察其各方面的能力的一种面试方法。如"被测评者在情景中属于人事专员，某天有30个职工集体提出辞职，该被测评者应该做什么方面的工作"。

（2）行为描述面试，指的是测评者对被测评者有关以往行为的回答来推断其未来某一段时期内工作态度、工作潜能和工作绩效的一种面试方法。在这种面试中，测评者主要是提出一些与工作相关的问题，如"请问您在大学期间最喜欢的课程有哪些""在以前的工作中，您是怎么拓展销售渠道的"。

（3）演讲法面试，指的是被测评者根据测评者的提问导向，结合已有的知识和经验，运用语言、肢体动作、神情等向测评者表达自己观点的一种面试形式。

（4）压力面试，指的是由测评者有意识地对被测评者施加压力，就某些问题或事件做一连串的提问，并对其做追踪式提问，直至其无以对答。压力面试主要观察被测评者在特殊压力下的反应情况、思维敏捷程度和应变能力。

3. 根据实施面试时被测评者的人数来分

根据实施面试时被测评者的人数来分，可以分为单独面试和小组面试。单独面试即测评者对被测评者单独进行的面试。小组面试即很多被测评者在一起进行的面试，这样可以使测评者在专业、地域及其他方面对被测评者进行比较测评，使择优时有较大的选择余地。

（四）评价中心测评

评价中心是一种包含多种测评方法和技术的综合测评系统。它针对不同的岗位设计，采用不同的测评方法和技术，通过对岗位工作的分析，了解岗位的工作内容和职务素质，并创设一系列与工作岗位高度相关的模拟情景，然后将被测评者纳入模拟情景中，要求其完成主持会议、处理公文、商务谈判、处理突发事件等多种典型的管理工作。评价人员按照各种方法或技术的要求，观察和分析被测评者在模拟情景压力下的心理、行为表现，测量和评价被测试者的能力性格等素质特征。

根据评价中心的定义，评价中心的内涵包括如下几点。

➢多种测评方法和测评技术的综合运用。单独的心理测试、面试或工作情景模拟都不能称为评价中心，评价中心必须是多种测评方法和测评技术的综合运用。

➢以目标岗位工作分析为出发点。评价中心设计具有很强的针对性，在设计评价技术时要以目标岗位工作分析获得的工作内容和职务素质要求为出发点。

➢情景模拟的设置与目标岗位工作具有高度的相关性。评价中心一般包括一组情景模拟练习，情景模拟设置必须与目标岗位工作具有高度的相关性，才能体现出情景模拟测试的作用。

➢由多名评价人员共同评价。每一位被测试者，都要由数名评价人员经过多次讨论做出评价，以保证结果的公平性和公正性。

评价中心的主要形式包括公文筐测验、无领导小组讨论、管理游戏、角色扮演、演讲、案例分析、事实判断七种。

1. 公文筐测验

公文筐测验，又叫公文处理、文件筐测验，是情景模拟测验中最常用的核心技术之一，是指对被测评者规定某一特定时间，要求其在该时间内对一系列文件材料进行处理，并以此来考察被测评者的计划、组织、预测、沟通、决策等能力。

在公文筐测验中，要求被测评者以管理者的身份，模拟真实工作情景中的想法和行为习惯，在规定的条件下，对各类公文材料进行处理，形成公文处理报告。处理完毕后，一般还要求被测评者填写行为理由问卷，说明处理的理由、原则或依据，对于不清楚的地方或想深入了解被测评者时，考官可以与被测评者进行深入面谈，澄清模糊的地方。

通过观察被测评者在规定条件下，处理公文过程中的行为表现以及分析被测试者的处理理由说明，可以评估其计划、组织、授权、决策和问题解决能力等多方面的管理潜质。

2. 无领导小组讨论

无领导小组讨论就是采用情景模拟的方法对被测评者进行集体面试，是评价中心技术中经常使用的一种人才测评技术。无领导小组讨论是通过给一组被测评者一个与工作或社会实际相关的问题，让被测评者在规定时间内进行自由讨论。一般的形式是被测评者围绕圆桌而坐，就一个问题进行发言、辩论。

在整个无领导小组讨论的过程中不指定谁是领导，被测评者讨论问题时的地位是平等的。当然也不指定被测评者的座位，而是让所有被测评者自行安排、自行组织发言次序并展开讨论。在被测评者进行辩论的过程中，评价人员并不参与，只是在讨论前向被测评者介绍一下讨论的问题及讨论规则。评价者通过观察每位被测评者在讨论过程中的表现，做出准确评价。

3. 管理游戏

管理游戏是评价中心常用的方法之一。在管理游戏活动中小组成员置身一个模拟的环境中,面临一些管理中常常遇到的问题,必须合作才能较好地解决。有时会引入一些竞争的因素,评价人员在测评过程中,观察被测试者的行为,评价其各方面的素质。

4. 角色扮演

角色扮演主要是测评人际关系处理能力的一种情景模拟活动。在此种活动中,评价人员设置了一系列尖锐的人际矛盾与冲突,要求被测试者扮演某一角色去处理问题和解决矛盾。

5. 演讲

演讲分为即兴演讲和有准备的演讲,即兴演讲中,被测试者可以在被试者抽签后稍做准备,5分钟左右即可上台演讲。有准备的演讲可以给被测试者1个小时的时间进行准备,正式演讲的时间大约10分钟,另外要留有5分钟给在座的6~8位评价人员对被测试者提问,由被测试者做出回答。

6. 案例分析

评价人员向被测评者提供一些在实际工作中常发生书面案例,要求他们解答案例中的问题并写出分析报告,或者要求被测试者在小组讨论会上作口头发言。

7. 事实判断

在事实判断形式中,被测评者只能看到少量的有关某一问题的信息资料,然后被测评者可以通过对有关人员进行提问获得其他的信息。在提问和回答之后,要求被测评者给出解决问题的建议和原理。

第七章 图书馆人员职业生涯规划

第一节 职业生涯规划概述

一、职业生涯规划概念

职业生涯规划（Career Planning）是指组织或者个人把个人发展与组织发展相结合，对决定个人职业生涯的个人因素、组织因素和社会因素等进行测定、分析、总结，尤其是要对个人的职业兴趣、职业能力、职业专长等进行综合分析与权衡，根据个人的职业倾向，确定最佳的职业奋斗目标，并为实现这一目标做出行之有效的安排。

职业生涯规划的期限一般划分为人生规划、长期规划、中期规划及短期规划。人生规划是整个职业生涯的规划，时间长达40年左右，设定整个人生的发展目标。长期规划时间是5~10年，主要设定长远目标。中期规划一般为3~5年，在近期目标的基础上设计中期目标。短期规划为3年以内的规划，主要是确定近期目标，规划近期完成的任务。

二、职业生涯规划作用

为了有效地实现自我价值，保证在事业上取得更大的成就，任何人都需要对自己的职业生涯进行规划，以明确奋斗目标，并为实现各阶段的职业目标不断地进行知识、技术和能力的开发和提升活动。因此，职业生涯规划对个人职业发展有着重要的作用。同时，组织通过对职工的职业生涯规划，不但保证了对未来人才的需要，还使人力资源得到有效开发。所以，职业生涯规划对组织同样起着重要的作用。

1. 职业生涯规划对个人的作用

(1) 帮助自己正确认识自己。一份行之有效的职业生涯规划将会引导自己正确认识自身的个性特质、现有与潜在的资源优势,帮助自己重新对自己的价值进行定位并使其持续增值。同时鞭策自己对比分析自己的综合优势与劣势,评估个人目标与现实之间的差距。

(2) 协助确定职业发展目标。通过正确认识自己和对组织环境的分析,组织成员可以确定符合自己兴趣和特长的职业生涯路线,正确设定自己的职业发展目标和制订行动计划,使自己的才能得到充分发挥,实现职业理想。

(3) 增强职业竞争力。清晰、明确的职业生涯规划会促使组织成员学会如何运用科学的方法,采取可行的步骤与措施,不断增强自己的职业竞争力,实现自己的职业目标。同时,当今社会处在变革时代,到处充满着激烈的竞争,要想在激烈的竞争中脱颖而出并立于不败之地,必须设计好自己的职业生涯规划。

2. 职业生涯规划对组织的作用

(1) 保证组织对未来人才的需要。组织可以根据战略规划的需要,预测未来的人力资源需求,通过对组织成员的职业生涯规划,为组织成员提供发展机会、人力资源开发的激励政策以及与职业发展相关的信息,从而使组织发展与组织成员发展结合起来,有效保证组织实现战略目标对人才的需求。

(2) 使组织留住优秀人才。重视职业生涯规划和管理的单位,通常都会重视了解并开发组织成员兴趣、不断给组织成员安排具有挑战性的工作任务,并为他们的成长和发展以及参与管理创造机会和条件,从而使职工满意度增加,从而留住和吸引优秀人才。

(3) 有效开发组织人力资源。职业生涯规划能使组织成员的个人兴趣和特长受到组织的重视,组织成员积极性提高,潜能得到合理的挖掘,从而有效开发组织的人力资源,使组织更适合社会的发展和变革需要。

三、职业生涯规划原则

为了能够顺利制订职业生涯规划,并保证其作用能够得到充分发挥,在制订职业生涯规划时应遵循以下原则。

1. 清晰性原则。考虑目标、措施、实现目标的步骤是否清晰、明确。

2. 挑战性原则。目标或措施是否具有挑战性,还是仅保持其原来状况而已。

3. 变动性原则。目标或措施是否有弹性或缓冲性,是否能根据环境的变化而做调整。

4. 一致性原则。主要目标与分目标是否一致,目标与措施是否一致,个人目标与组织发展目标是否一致。

5. 激励性原则。目标是否符合自己的性格、兴趣和特长,是否能对自己产生内在激励作用。

6. 合作性原则。个人的目标与他人的目标是否具有合作性与协调性。

7. 全程原则。制订职业生涯规划时必须考虑到职业生涯发展的整个历程,作全程考虑。

8. 具体原则。职业生涯规划各阶段的路线划分与安排,必须具体可行。

9. 实际原则。实现职业生涯目标的途径很多,在做规划时必须要考虑到自己的特质、社会环境、组织环境以及其他相关的因素,选择切实可行的途径。

10. 可评量原则。职业生涯规划的设计应有明确的时间限制或标准,以便评量、检查,使自己随时掌握执行状况,并为规划的修正提供参考依据。

四、职业生涯规划理论

(一) 职业生涯选择理论

职业选择是劳动者按照自己的职业期望和职业兴趣,凭借自身能力挑选职业的过程。职业选择的目的是使自身能力素质与职业需求特征相符合。

劳动者的职业选择并不是随心所欲的,而是受到自身条件和外部因素的制约,尤其是职业声望、职业分层、职业期望与职业成功等因素。对于职业选择,许多学者提出了自己的观点及理论,典型的是特质—因素理论、人格类型理论、社会学习理论、结构取向理论及过程取向理论。

1. 特质-因素理论

特质—因素理论(Trait-Factor Theory)是由美国波士顿大学教授帕森斯(Parsons)创立,指的是人们依据人格特性及能力特点等条件,寻找具有与之对应因素的职业的理论。

帕森斯明确阐明职业选择应满足以下三个条件。

第一,应该清楚地了解自己的态度、能力、兴趣、智谋、局限和其他特征。

第二,应该清楚地了解职业选择成功的条件、所需知识,在不同职业工作岗位上所具有的优势、不利和补偿、机会以及前途。

第三,在上述两个条件之间进行最佳搭配。

由此看出,特质—因素理论是建立在清楚认识、了解个人的主观条件和社会职业岗位需求条件的基础上的。具体来讲,特质—因素理论的前提应包括以下几个方面。

第一,每个人都有自己独特的特性,并且可以对其进行客观而有效的测量。

第二,每个人的独特特质又与特定的职业相关联。

第三,为了取得成功,不同职业需要配备具有不同个性特征的人员。

第四,个人特性与工作要求之间配合得越紧密,职业成功的可能性就越大。

2. 人格类型理论

20世纪60年代,霍兰德以自己的职业咨询经验为基础提出了一种关于职业选择的人格类型理论(Personality Typdogy Theory)。这是一种在特质-因素理论基础上发展起来的人格与职业类型相匹配的理论。

(1) 人格类型理论的理论观点

①职业选择是个人人格的反映和延伸,人格包括价值观、动机和需要等,是决定一个人选择职业的重要因素。

②大多数人的人格类型可以归为六种人格类型中的一种,分别为现实型(Realistic)、研究型(Investigative)、艺术型(Artistic)、社会型(Social)、单位家型(Enterprise)、传统型(Conventional)。

③现实中同时也存在与上述人格类型相对应的六种工作性质,分别为现实性的、调查研究性的、艺术性的、社会性的、开拓性的以及常规性的。

④人格类型理论的实质在于择业者的人格特点与职业类型的适应。适宜的职业环境中个人可以充分施展自己的技能和能力,表达自己的态度和价值观,并且能够完成那些令人愉快的使命。

(2) 人格类型与职业类型的匹配。霍兰德认为,同一类型的劳动者与职业互相结合,便能够达到适应状态,其结果是劳动者找到适宜的职业岗位,职业岗位得到了合适的人才,劳动者的才能与积极性得以更好地发挥。人格类型与职业类型的匹配具体如表7-1所示。

表7-1 人格类型与职业类型的匹配

类型	人格特点	匹配的职业类型
现实型(R)	1. 愿意使用工具从事操作性强的工作 2. 动手能力强,做事手脚灵活,动作协调 3. 不善言辞,不善交际	1. 主要指各类工程技术工作、农业工作。通常需要一定体力,需要运用工具或操作机械 2. 主要职业有工程师、技术员;机械操作、维修安装工人、木工、电工、鞋匠等;司机;测绘员、描图员;农民、牧民、渔民等

续表

类型	人格特点	匹配的职业类型
研究型（I）	1. 抽象能力强，求知欲强，肯动脑筋，善思考，不愿动手 2. 喜欢独立和富有创造性的工作 3. 知识渊博，有学识才能，不善于领导	1. 主要指科学研究和科学实验工作 2. 主要职业有自然科学和社会科学方面的研究人员、专家；化学、冶金、电子、无线电、电视、飞机等方面的工程师、技术人员；飞行驾驶员、计算机操作人员等
艺术型（A）	1. 喜欢以各种艺术形式的创作来表现自己的才能，实现自身价值 2. 具有特殊艺术才能和个性 3. 乐于创造新颖的、与众不同的艺术成果，渴望表现自己的个性	1. 主要指各种艺术创造工作 2. 主要职业有音乐、舞蹈、戏剧等方面的演员、艺术家编导、教师；文学、艺术方面的评论员；广播节目的主持人、编辑、作者；绘图、书法、摄影家；艺术、家具、珠宝、房屋装饰等行业的设计师
社会型（S）	1. 喜欢从事为他人服务和教育他人的工作 2. 喜欢参与解决人们共同关心的社会问题，渴望发挥自己的社会作用 3. 比较看重社会义务和社会道德	1. 主要指各种直接为他人服务的工作，如医疗服务、教育服务、生活服务等 2. 主要职业有教师、保育员、行政人员；医护人员；衣食住行服务行业的经理、管理人员和服务人员；福利人员等
企业家型（E）	1. 精力充沛、自信、善交际，有领导才能 2. 喜欢竞争，敢冒风险 3. 喜欢权力、地位和物质财富	1. 主要指那些组织与影响他人共同完成组织目标的工作 2. 主要职业有经理企业家、政府官员、商人、行政部门和单位的领导者、管理者等
传统型（C）	1. 喜欢按计划办事，习惯接受他人的智慧和领导，自己不谋求领导职位 2. 不喜欢冒险和竞争 3. 工作踏实、忠诚可靠，遵守纪律	1. 主要指各类文件档案、图书资料、统计报表之类相关的各类科室工作 2. 主要职业有会计、出纳、统计人员；打字员；办公室人员；秘书和文书；图书管理员；旅游、外贸职员；保管员；邮递员；审计人员；人事职员等

3. 社会学习理论

库伦伯茨（Krumboltz）的社会学习理论（Social Learning Theory）主要探讨个人的教育与职业偏好和技能是如何形成的，以及这些偏好和技能如何影响个人对职业的选择。该理论强调了人们的行为和认知在职业生涯选择中所起的重要作用,认为影响职业生涯选择的因素包括遗传素质和特殊能力、环境条件、学习经验、工作取向技能。

(1) 遗传素质和特殊能力。个人得自于遗传的一些特质,在某些程度内限制了个人对职业选择的自由。这些因素包括种族、性别、外在的仪表和特征等。它也可以拓展或限制个人的职业偏好和能力,如智力、音乐艺术才华、肌肉协调性等。

(2) 环境条件。环境条件即个人所接受的教育与训练、家庭背景、社会政策、社会变迁等非个人所能控制的因素,以及个人职业选择的具体领域等。家庭背景则包括父母所从事的职业及社会经济地位、父母的教育水准,以及家庭结构、父母期望等因素。

(3) 学习经验。库伦伯茨认为,每个人都有独特的学习经验,这在决定其职业生涯的路径时扮演重要的角色作用。凡是成功的生涯规划、生涯发展所需的技能,均能够通过学习经验而获得。

(4) 工作定向技能。工作定向技能即在上述各种因素的交互作用下,个人所获得的解决问题的技能、工作习惯、认知过程、情绪反应等,这些技能又会影响其他各项因素。

个人在上述四种因素及其交互作用的影响下,通过经验的累积与提炼,产生如下结果。

第一,自我认识的形成。这是指对自己各种表现的评估与推论,包括成就、兴趣、爱好、职业价值观等。评估的参照对象,也可能依据其他人的表现。评估结果是职业选择的关键。

第二,世界观的形成。基于自己的学习经验,个人也会对环境及未来的事物作出评估与推论,特别是在职业的前途与展望方面。

第三,工作定向技能。这包括适应环境的认知、操作能力与情感反应,以及自我评估与对未来事件的预测能力,其中与职业选择有重要关系的则包括价值观念的澄清、目标的决策、寻找不同的解决途径、收集资料、预测、计划等。

第四,行动。个人综合以前所有的学习经验、自我与环境的推论,以及具备的各种能力,并将这些引入到未来事业发展的途径。

4. 择业动机理论

美国心理学家佛隆(Victor. H. Vroom)通过对个体择业行为的研究认为,个体行为动机的强度取决于效价的大小和期望值的高低,动机强度与效价及期望值成正比,即 $F = V \times E$。

其中 F 为动机强度,是指积极性的激发程度,表明个体为达一定目标而努力的程度;V 为效价,是指个体对一定目标重要性的主观评价;E 为期望值,是指个体对实现目标可能性大小的评估,即目标实现概率。

佛隆将这一期望理论用来解释个人的职业选择行为,具体化为择业动机理论,择业动机表明择业者对目标职业的追求程度,或者对某项职业选择意向的大小。

择业动机 = 职业效价 × 职业概率。

(1) 职业效价。职业效价是指择业者对某项职业价值的评价,取决于以下两个因素。

①择业者的职业价值观。

②择业者对某项具体职业要求如兴趣、劳动条件、工资、职业声望等的评估。

因此,职业效价 = 职业价值观 × 职业要素评估。

(2) 职业概率。职业概率是指择业者获得某项职业可能性的大小,通常取决于以下四个条件。

①某项职业的需求量。在其他条件一定的情况下,职业概率同职业需求量呈正相关。

②择业者的竞争能力。即择业者自身工作能力和求职就业能力,竞争力越强,获得职业的可能性越大。

③竞争系数。是指谋求同一种职业的劳动者人数的多少。在其他条件一定的情况下,竞争系数越大,职业概率越小。

④其他随机因素。

因此,职业概率 = 职业需求量 × 竞争能力 × 竞争系数 × 随机性。

择业动机公式表明，对择业者来讲，某项职业的效价越高，获取该项职业的可能性越大，择业者选择该项职业的意向或者倾向越大；反之，某项职业对择业者而言其效价越低，获得此项职业的可能性越小，择业者选择这项职业的倾向也就越小。

5. 心理动力理论

美国心理学家爱德华·鲍亭（Edward Bordin）等人以弗洛伊德的个性心理分析为基础，吸取了特质—因素理论和心理咨询理论的一些概念和技术，经过对职业团体进行了大量的研究，于20世纪60年代后期提出了一种以强调个人内在动力和需要等动机因素在个人职业选择过程中的重要性的职业选择与职业指导理论，称为心理动力论（Psychodynamic Approach）。

心理动力论认为，社会上所有职业都能归入代表心理分析需要的、分属以下范围的职业群：养育的、操作的、感觉的、探究的、流动的、抑制的、显示的、有节奏的运动等，并认为这一理论除了那些由于文化水平和经济因素而无法自由选择的人之外，可以适应其他所有的人。

心理动力论注重从个人职业发展的观点以及个人内在因素来探索职业选择，强调发展当事人个人人格的重建来达到职业选择，重视当事人在职业选择中的自主作用。但是，该理论过于强调个人内在因素，而忽视了社会环境方面的因素。

（二）职业发展阶段理论

1. 舒伯生涯发展五阶段理论

美国著名职业心理学家舒伯（E. Super）根据布尔赫勒（Buehler）的生命周期理论和列文基斯特（Lavighurst）的发展阶段论，发展出一个诠释职业生涯发展的概念模型。他提出12个基本主张。

（1）职业是一种连续不断、循序渐进并不可逆转的过程。

（2）职业发展是一种有秩序、有固定形态，而且可以预测的过程。

（3）职业发展是一种动态的过程。

（4）自我观念在青春期就开始产生和发展，在青春期渐渐明朗，并于成年期转化为职业概念。

（5）自青少年至成人期，随着时间及年龄的渐长，现实因素如人格特质及社会因素对个人职业的选择愈加重要。

（6）父母的认同，会影响个人角色的发展和各个角色间的一致及协调，以及对职业计划及结果的解释。

（7）职业升迁的方向及速度与个人的聪明才智、父母的社会地位、本人的地位需求、价值观、兴趣、人际技巧以及经济社会中的供需情况有关。

（8）个人的兴趣、价值观、需求、父母的认同、社会资源的利用、个人的学历以及所处社会的职业结构、趋势、态度等均会影响个人职业的选择。

（9）虽然每种职业均有特定要求的能力、兴趣、人格特质，但具有弹性，所以允许不同类型的人从事相同的职业，或一个人从事多种不同类型的工作。

（10）工作满意度视个人能力、兴趣、价值观等个人特质是否能在工作中得到发挥而定。

（11）工作满意的程度与个人在工作中实现自我观念的程度有关。

（12）对大部分人而言，工作及职业是个人人生的重心。虽然对少数人而言，这种机会是不重要的。

舒伯从人的终身发展的角度出发，结合职业发展形态，把人的职业生涯发展划分为成长（Growth）、探索（Exploration）、建立（Establishment）、维持（Maintenance）、衰退（Decline），每个阶段有自己的次阶段，具体如表7-2所示。

表7-2 舒伯职业生涯发展的五阶段及其发展任务

阶段		年龄	主要任务
成长阶段		出生~14岁	认同并建立起自我概念,对职业的好奇占主导地位,并逐步有意识地培养职业能力
	次阶段	幻想期(4~10岁)	需求占决定性因素;角色扮演在此阶段很重要
		兴趣期(11~12岁)	以兴趣为中心,理解、评价职业,开始做职业选择
		能力期(13~14岁)	能力占的比重较大,也会考虑工作要求的条件
探索阶段		15~24岁	主要通过学校学习进行自我考察、角色鉴定和职业探索,完成择业及初步就业
	次阶段	试验期(15~17岁)	综合考虑自己的需要、兴趣、能力、价值观和机会,并通过幻想、讨论、课程、工作等尝试做试探性地选择
		过渡期(18~21岁)	正式进入职业,或者进行专门的职业培训,明确某种职业倾向
		尝试期(22~24岁)	选定工作领域,开始从事某种职业,对职业发展目标的可行性进行实验
建立阶段		25~44岁	获取一个合适的工作领域,并谋求发展。这一阶段是大多数人职业生涯周期的核心部分
	次阶段	尝试期(25~30岁)	原本以为适合的工作,后来可能发现不太令人满意,于是会有一些改变,此阶段是定向后的尝试,不同于探索阶段的尝试
		稳定期(31~44岁)	个人在所选的职业中安顿下来,重点是寻求职业及生活上的稳定
维持阶段		45~64岁	开发新的技能,维护已获得的成就和社会地位,维持家庭和工作两者之间的和谐关系,寻找接替人选
衰退阶段		65岁以上	体力与心理能力逐渐衰退时,工作活动将会改变,亦必须发展出新的角色,先是变成选择性的参与者,然后成为完全的观察者
	次阶段	减速期(60~70岁)	工作速度减慢,工作责任或职业性质发生变化,以适应逐渐衰退的体力和心理。许多人也会找一份兼职工作代替全职
		退休期(71岁以上)	有些人能很愉快地适应完全停止工作的境况,有些人则适应困难,有些人则是老迈而死

2. 施恩职业流动三方式理论

1971年，美国心理学家 E. H. 施恩（Edgar H. Schein）提出个人在特定组织内的三种流动方式，以实现组织对个人职业生涯的帮助和管理。三种不同的流动方式包括横向流动模式、向核心地位流动模式和纵向流动模式。

（1）横向流动模式。这种流动方式是组织内部个人的工作或职务沿着职能部门或技术部门的同一等级进行发展变动。例如，市场部的主管去营销部担任同一等级的职务。实行这种变动的目的包括培养掌管全局的管理人员，为以后的纵向发展做准备；工作丰富化的需要，部门之间人员的平衡和调剂。

（2）向核心地位流动模式。这种流动方式是由组织外围逐步向组织内方向变动。当发生这类变动时，成员对组织情况了解得更多，承担的责任也更为重大，并且经常会参加重大问题的讨论和决策。采取这种模式的原因一方面是由于个人的能力和努力取得组织的认可，但不适合提升到组织的更高等级，另一方面是准备让个人沿纵向上行，但暂时无法提供相应的岗位。

（3）纵向流动模式。这种流动方式是指组织内部的个人工作等级岗位的升降。在一般的观念中，只有纵向的上行流动，才是得到发展和肯定。正常的向上流动在提升的同时向组织的核心靠拢。如果某个人的岗位等级得到提高，但仍然没有列入组织重要的核心活动或决策之列，则意味着"明升暗降"或是一种待遇而已。

在这个三维模式中，纵向的变动是一种上下升降的圆锥体；横向变动是围绕圆锥体周围，从一个职能或技术部门向另一种职能或技术部门变动；朝核心方向变动则是从圆锥体的外围向圆锥体的中心变动。实际中的流动安排是这三种模式之间的有机结合。

3. 格林豪斯职业发展五阶段理论

职业生理学家格林豪斯通过对人生不同年龄段职业生涯发展所面临的

主要任务的研究,提出职业生涯发展五阶段理论。该理论的具体内容如表7-3所示。

表7-3　格林豪斯职业生涯发展五阶段及主要任务

阶段	年龄	主要任务
职业准备阶段	0~18岁	发展职业想象力;培养对职业的兴趣和能力;对职业进行评估和选择;接受必需的职业教育和培训。主要目的是建立起个人职业的最初方向
进入组织阶段	18~25岁	在一个理想的组织中获得一份工作;在获取足量信息的基础上,尽量选择一种合适的、较为满意的职业
职业生涯早期阶段	25~40岁	学习职业技术,提高工作能力;了解、学习组织纪律和规范,接受组织文化;逐步适应职业工作,适应和融入组织;为未来职业成功做好准备
职业生涯中期阶段	40~55岁	对早期职业生涯重新评估,强化或转变自己的职业理想;选定职业,努力工作,有所成就
职业生涯后期阶段	55岁~退休	继续维持已有的职业成就;成为一名良师;维护自尊,准备隐退

4. 加里·德斯勒职业生涯五阶段模型

美国著名人力资源管理专家加里·德斯勒在其代表作《人力资源管理》一书中,综合其他专家的研究成果,将职业生涯划分为五个阶段。

(1) 成长阶段(出生~14岁)。在这一阶段,个人逐步建立起自我的概念,并基本了解自己的兴趣和能力。到这一阶段结束时,进入青春期的青少年开始对某种可选择的职业进行现实性的思考。

(2) 探索阶段(15~24岁)。在这一阶段,个人将认真探索各种可能的职业选择。他们试图将自己的职业选择与他们对职业的了解以及通过学校教育、休闲活动和业余工作等途径所获得的个人兴趣和能力匹配起来。在这一阶段开始的时候,他们往往做出一些带有实验性质的较为宽泛的职业选择。随着个人对所选择的职业以及自我的进一步了解,他们这种最初选择往往会被重新界定。

(3) 确立阶段(25~44岁)。这是大多数人职业生涯中的核心部分。

人们通常希望在这一阶段的早期能够找到合适的职业，并随之全力以赴地投入到有助于自己在此职业取得永久发展的各项活动中。然而，多数情况下，在此阶段人们仍然在不断尝试与自己最初的职业选择所不同的各种能力和理想。

确立阶段本身又由以下三个子阶段构成。

①尝试子阶段（25~30岁）。在这一阶段，个人确定当前所选择的职业是否适合自己，如果不适合，就会更改自己的选择。

②稳定子阶段（30~40岁）。在这一阶段，人们往往已经定下较为坚定的职业目标，并制订较为明确的职业计划来确定自己晋升的潜力、工作调换的必要性以及为实现这些目标需要开展哪些学习活动等。

③职业中期危机阶段（30多岁~40多岁的某个阶段）。在30多岁到40多岁之间的某个阶段中，人们可能会进入职业中期危机阶段。在这一阶段，人们往往会根据自己最初的理想和目标对自己的职业进步状况做一次重要的重新评价。

（4）维持阶段（45~65岁）。在这一阶段，人们一般都已经在自己的工作领域中为自己创立了一席之地，因而他们的大多数精力主要放在保有这一位置上。

（5）下降阶段。当临近退休的时候，就意味着到了职业生涯的下降阶段。在这一阶段，许多人都不得不面临着这样一种前景，接受权力和责任减少的事实，学会接受一种新的角色，学会成为年轻人的良师益友。再接下去，就是几乎每个人都不可避免地要面对的退休，这时，人们所面临的选择就是如何去打发原来用在工作上的时间。

5. 职业生涯管理模型

美国职业生涯专家格林豪斯等在借鉴、综合他人研究成果的基础上开发了职业生涯管理模型，该模型描绘的是人们应如何管理自己的职业生涯，即职业生涯管理过程。该模型包括八项活动，即职业考查、认识自己和环境、目标设定、制订战略、实施战略、接近目标、获得反馈，以及职业生涯评价。

这个模型以个人为导向,在这一过程中,人们需要通过收集信息,以便于更好地认识自己和周围的环境,然后确定目标,制订发展计划和战略并付诸实施,再获得更多的信息反馈并进行职业生涯评估,最终不断前进,继续其职业生涯管理工作。所有这些内容构成了一个持续地解决问题、制订决策的循环。

(1) 模型假设。职业生涯管理模型的假设有以下三条。

①当人们的工作和生活体验与本人的愿望和要求一致时,他们会感到更有成就感并具有更高的生产率。

②当人们的工作经历与个人的需要、价值观、兴趣和生活方式偏好相符时,他们会对职业选择更加满意。

③当工作所需的恰好是个人所具有的技能时,职业的绩效会有提高。因此,个人职业生涯管理模型试图实现人岗匹配的最优化。

(2) 模型示意图及关键概念解释。格林豪斯的职业生涯管理模型如图7-1所示。

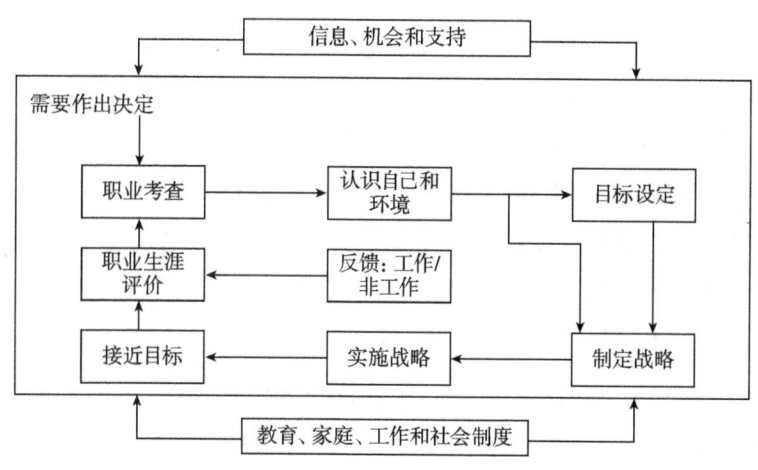

图7-1 格林豪斯的职业生涯管理模型

①职业考查。职业考查是收集并分析与职业有关的信息的过程。大多数的人都需要收集信息,以便于更好地认识自己的价值观、兴趣和才能以及环境中的机会和障碍。职业考查涉及的范围越广泛并且越适当,人们对自身和工作环境的不同方面认识得就越清楚。概括来讲,职业考查的内容

可以划分为自我测评和环境考察两个方面。

自我测评包括兴趣、能力、工作价值观等。其中工作价值观一般从工作挑战、工作自主性、安全、工作/生活平衡、金钱、工作条件、帮助他人，以及影响或权力等方面进行评估。环境考察包括职业类型、行业类型、所需工作技能、工作选择、组织选择，以及家庭在职业生涯决策中的影响等。

②认知。认知是指对自己的特质和周围环境特征相对完整而准确的感知。从格林豪斯的职业生涯管理模型中可以看出，对自我和环境全面的认识能使人设立适当的职业目标并制定恰当的职业战略。因此，认知是职业生涯管理的一个中心概念。

③职业生涯目标。职业生涯目标是指人们希望达到的与职业相关的结果。设定职业生涯目标时，既要具体，又要具有挑战性。明确的目标可使人们更清楚要怎么做，付出多大的努力才能达到目标，同时便于评价个体的能力。承诺了具体的有挑战性的任务目标的职工比那些没有目标或承诺低目标的职工表现更加出色。

④职业生涯战略。在格林豪斯的职业生涯管理模型中，职业生涯战略是指一系列设计出来的以帮助个人达到职业生涯目标的活动。格林豪斯等人将职业生涯战略归纳为以下七类。

➢现有工作的竞争力。

➢扩大工作参与（长时间努力地工作）。

➢技能开发（通过培训和工作经验）。

➢机遇开发（通过自我推荐、可见的任务和网络）。

➢建立支持性关系（顾问、赞助者、同龄人）。

➢自己形象的树立（以传递一个成功者的形象）。

➢参与组织政治。

⑤职业生涯评价

职业生涯评价是人们获得并利用职业相关的信息反馈的过程。职业生涯评价"监督"自己的职业生涯过程，在职业生涯管理中起着协调、反馈的作用。要对职业生涯进行全面的评价，必须综合考虑个人、家庭、单位、社会等各方面的因素。

（3）有效职业生涯管理的特征。根据职业生涯管理模型，格林豪斯等人提出了以下四个有效职业生涯管理的特征。

①深刻的认知。有效的职业生涯管理应对自我和环境有深刻的认识。

②适合的目标。有效的职业生涯管理要求提出实事求是的目标，与个人的价值观、兴趣、能力及向往的生活方式相一致的目标。

③有效执行的战略。有效的职业生涯管理要求制订并执行适当的职业生涯战略。

④持续的反馈。有效的职业生涯管理是一个持续的反馈过程，根据适时变化的环境及时做出调整。

第三节 图书馆人员职业生涯规划设计

一、图书馆人员职业生涯规划设计

为顺利开展图书馆人员职业生涯管理工作,保证单位愿景与职工个人职业发展目标相一致,达到图书馆人才需求与职工职业需求的相互适应,相关工作人员应把握职工职业生涯规划管理中的关键事项,并加强对关键事项的管控。具体三项关键点如表 7-4 所示。

表 7-4 职工职业生涯管理关键点辨识

关键点辨识思路	关键点名称	关键点说明
对职业愿景的分阶段计划	职工职业生涯规划	◆ 职业生涯规划针对的时间段是职工的职业生涯阶段 ◆ 职工是职业生涯规划的主体 ◆ 单位要根据战略发展指导职工规划符合单位发展需求
从事职业发展的历程	职业发展通道	◆ 职业发展通道包括横向发展通道和纵向发展通道 ◆ 职工职业发展通道设计是在单位人力资源规划基础上 ◆ 单位需要结合任职资格体系对职工进行胜任测试
对职工职业倾向的诊断	职业生涯诊断	◆ 职业生涯诊断可以与素质测评相结合 ◆ 诊断是进行职业生涯规划的基础和依据 ◆ 诊断需要全方位进行,避免片面的结果

二、图书馆人员职业发展通道设计

图书馆人员职业发展通道是指单位为职工设计的自我认识、成长和晋升的管理方案。它为组织内部职工指明了可能的发展方向和发展机会,一般来说,有如下三种方式,即"纵向发展""横向发展""双重职业发展通道"。

1. 纵向发展

在职业发展体系里,纵向发展指的是行政级别的晋升。主要表现为职务的晋升和相应的薪酬福利水平的提高。目前图书馆人员纵向的职业发展通道主要包括管理发展通道和专业技术发展通道两种方式。如图7-2所示。

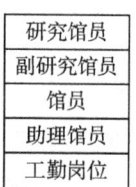
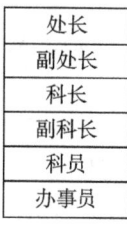

图书馆人员专业技术发展通道　　图书馆人员管理岗位发展通道

图7-2　纵向职业发展通道示例

2. 横向发展

横向发展包括扩大现有工作内容和工作轮换,职工可以针对自己的特长提出横向发展要求,发展自己的多重技能。因为职工的满足感不仅仅来自传统的行政级别晋升,还包括技术水平的提高、专业水平的提高、管理技能的提高等多个方面。

(1)扩大现有工作内容。是指在职工的现有工作中增加更多的挑战性或更多的责任,比如安排执行特别的项目、在一个团队内部变换角色等。

(2)工作轮换。是指在领导职务或工作性质特殊的非领导职务根据工作需要或其他正当理由与其他部门或单位担任一定职务。

图书馆职工在满足一定任职资格的条件下,还可以通过转任、岗位轮换和挂职锻炼等方式进行职业发展。图书馆应尽可能为职工提供与探讨实现自我的环境与机会,让专业人员和管理人员接受多方面的锻炼,培养多种技能,并发现最适合自己发展的工作岗位。

3. 双重职业发展通道

双重职业发展通道作为对单一职业发展通道模式的改进,也逐渐成为一种主要的职业发展道路。此外,也有组织采取"三通道""多通道"等发展道路。

这里重点介绍"双通道"的发展通路。图书馆施行"双通道"的发展通路，如有专业技术岗位交流到管理岗位的人员，可根据干部人事管理权限和本人条件，直接聘任到相应的管理岗位。

三、图书馆人员职业素质培养

职业素质（Professional Quality）是指从业者在一定生理和心理条件的基础上，通过教育培训、职业实践、自我修炼等途径形成和发展起来的，在职业活动中起决定性作用的、内在的、相对稳定的基本品质。

1. 图书馆人员职业素质培养的内容

图书馆人员职业素质培养的内容，具体如表7-5所示。

表7-5 职业素质培养的内容

序号	内容	详细说明
1	身体素质	指体质和健康（主要指生理）方面的素质
2	心理素质	指认知、感知、记忆、想象、情感、意志、态度、个性特征（兴趣、能力、气质、性格、习惯）等方面的素质
3	政治素质	指政治立场、政治观点、政治信念与信仰等方面的素质
4	思想素质	指思想认识、思想觉悟、思想方法、价值观念等方面的素质
5	道德素质	指道德认识、道德情感、道德意志、道德行为、道德修养、组织纪律观念方面的素质
6	科技文化素质	指科学知识、技术知识、文化知识、文化修养方面的素质
7	审美素质	指美感、审美意识、审美观、审美情趣、审美能力方面的素质
8	专业素质	指专业知识、专业理论、专业技能、必要的组织管理能力等
9	社会交往素质	主要是语言表达能力、社交活动能力、社会适应能力等，是后天培养的个人能力
10	学习和创新方面的素质	主要是学习能力、信息能力、创新意识、创新精神、创新能力、创业意识与创业能力等

2. 图书馆人员职业素质培养的途径

（1）加强对职业素质的认识，是职业素质培养的前提。培养职业素质，首先要提高从业人员对职业素质的认识，提高职业素质认识是形成良好的职业素质的重要基础和前提条件。从业人员能否准确、深刻地认识其职业素质,在较大程度上决定着从业人员能否产生良好的职业行为、能否履行职业道德义务的自觉性。

(2) 参加社会实践,知行统一是职业素质培养的根本途径。在职业素质培养的过程中,从职业素质认识,到职业行为和习惯,自始至终都是在社会实践中完成的。从业人员只有深入到社会实践中,在处理与领导之间、同事之间及与客户之间的关系中,才能认识到自己行为的是与非,才能培养自己良好的职业素质。

总之,参与到社会实践中,坚持理论与实践相结合的原则,把职业实践作为检验自己职业素质的唯一标准,充分认识职业素质知行统一的特点,真正理解"活到老,学到老,改造到老"的生活真谛是职业素质培养的根本途径。

(3) 慎独自省,重视自我修炼,是职业素质培养的重要手段。从业人员要做到慎独自省,必须严格遵循"自重、自省、自警、自励"的八字方针,它是职业素质培养的关键所在,是人的必备品质。

自重——把自重作为立身的准则。坚定自己的信念,珍惜自己的荣誉,让自己的言行一致,做事情不卑不亢,时刻都注意学习,吸收经验,取其精华,剔除糟粕,从而更好地展现自己。

自省——把自省作为修身的镜子。曾子曰:"吾日三省吾身,为人谋而不忠乎?与朋友交而不信乎?传不习乎?"这句话表明了从业人员要经常性地对自己的行为进行自我省悟、自我反省的重要性。

自警——把自警作为安身的标尺。从业人员要对自己的行为有高度的警觉,对可能出现的错误防微杜渐,防患于未然。在很多时候,我们也会放纵自己,但是更重要的是不要在迷途中误导了自己,时刻保持警惕的思想,定期进行自我检查。

自励——把自励作为润身的目标。从业人员要经常地鞭策和激励自己,在工作中始终斗志昂扬,自强不息。失败并不可怕,关键是要不断地鼓励自己,使自己能够勇于面对失败,走出失败的阴影,寻找成功的途径。

第八章 图书馆人力资源管理制度

第一节　图书馆人力资源管理制度设计

一、管理制度设计程序

管理制度是要求组织成员共同遵守的办事规程或行动准则，是组织进行规范化、制度化管理的基础。通常情况下，组织管理制度设计应按照以下程序进行。

（一）明确问题

组织制订管理制度的目的在于预警性地规避问题的出现或将已发生问题的危害控制在最小范围内，以避免或减少不必要的损失，保证组织内部各项经营管理活动的正常、有序运行。管理制度不同，要考虑的问题也不尽相同。

经过归纳总结，组织的管理制度设计至少应明确组织的经营管理目标、组织的核心业务流程、组织与人员管理问题、设计某制度或制度体系的目的、某制度规范的范围与效力问题和某制度与组织其他制度的衔接性问题六个方面的内容。

（二）角度定位

准确、清晰的角度定位是组织的管理制度能够得到有效执行的前提条件。组织在设计或修订管理制度时，可从以下5个角度切入。

1. 战略角度

管理制度设计要符合组织整体发展战略需要，并依据组织战略发展需要明确职能、确定组织结构、权责关系等。

2. 职能角度

管理制度设计要与组织、部门、岗位的职能相契合，否则制度的执行将会阻力重重或很难执行，最后成为一纸空文。

3. 组织管理角度

组织为了从整体上把握和控制业务、人力、财务和物力等，对组织架构、资源配置和组织战略、职工行为规范等做出整体性、基础性的规定。

4. 部门管理角度

若要对某一部门的管理制订规划，就要站在部门管理的角度进行制度设计，以明确部门级别、权限范围、规范内容等。

5. 业务管理角度

业务管理角度即是对业务处理的过程管理给出具体的规定。

（三）调研访谈

不论是新的管理制度设计，还是对原有管理制度进行修订，要想让制度更适用完善、各条目的内容更有针对性，制度设计人员应进行调研访谈，以了解组织实际存在的、业务运作过程中出现的、需要解决的问题等，从而设计出真正能满足组织需求的合适制度。

进行调研访谈，制度设计人员一般采用观察法、访问法、会议法、查阅法等方式进行。这几种方式并非孤立存在的，一般不单独使用，而是根据具体的制度要求、特点等结合使用，以使获得的资料全面、准确、有用，为制度设计提供参考依据。

在采用上述方式进行调研时，依据受访对象不同，所获取的资料亦有所不同，具体如表8-1所示。制度设计人员可参考确定谈话内容，进行问题准备。

表8-1 受访对象及其谈话的侧重点关系列表

受访对象	访谈重点
制度发起者	制度制订目的、需要达到的效果、管理者的管理思想与理念等

续表

受访对象	访谈重点
制度所涉及部门的管理人员	从制度实施、落实的角度,了解相关管理人员的需求、当前工作中存在的问题、制度规范的要点、制度设计的意见或建议等
制度所涉及的其他相关人员	听听制度所覆盖人员的心声,了解意见、建议、需规范的内容等,让大家都参与制度的设计工作,以推动制度的公示与执行

通过调研访谈所获得的资料,制度设计人员要进行整理、归纳、分析,找出规律性的、本质的东西,同时比较各项工作之间的联系与区别,总结制度应包含的内容,为管理制度的起草做充分的准备。

(四) 统一规范

组织内部一套体系完整、内容合理、行之有效的管理制度应达到"三符合"的要求,即符合组织管理的科学原理、符合组织管理者最初设想的状态、符合组织行为涉及的客观事物的发展规律或规划。为使组织管理制度达到上述要求,制度设计工作必须遵循下列三个"规范"。如表8-2所示。

表8-2 组织管理制度设计应遵循的三个"规范"

三个"规范"	规范的内容
规范制度的制订者	◇品行要好,能做到公正、客观 ◇要有较好的文字表达能力和分析能力 ◇要熟悉组织内部各部门的业务及具体工作方法 ◇要了解国家和地方相关法律法规
规范制度的内容	◇制度体系要完善、科学、系统 ◇制度内容要规范、有效、有的放矢 ◇不能违反国家和地方相关法律法规 ◇要符合组织的实际需要 ◇拟定要充分考虑制度覆盖人员的意见 ◇制度的条款设计要明确、翔实,便于理解与执行 ◇要明确制度的制订、审批、修改、废止等程序及权限 ◇要明确培训及实施过程、公示及管理、定期修订等内容 ◇制度所依的资料必须全面、准确,能反映组织内部活动的真实面貌
规范制度的实施过程	◇营造规范的执行环境,减少制度执行中可能遇到的阻力 ◇制度的制订、执行与监督应由不同人员担当,并尽量留痕

(五) 制度起草

在管理管理制度的设计工作中,明确了需要解决的问题及所要达到的目的、找到了制度的角度定位、明确了制度规范化的程度后,就进入制度内容的起草阶段。在起草制度的过程中,制度设计人员应遵循如下的步骤进行。

1. 明确制度类别

不同的制度有不同的风格和写作方法,因此,应首先明确制度类别,并在此基础上进行制度设计的其他操作。

2. 明确制度目的

在调研访谈的基础上,进一步明确制度制订的目的,并为制度内容设计、条款设置等提供指导方向。

3. 制度内容规划

对收集的各种资料归类、汇总后,在对组织内部存在问题、管理要求等进行深入分析的基础上规划制度内容。

4. 形成纲要

针对所规划的每一项内容,进一步分析,明确其要点并形成内容纲要。

5. 拟定条文

根据上述内容纲要,结合组织特点、业务流程、管理需求等,对组织内部各项工作、人员等进行规范,拟定出具体的制度条文,注意语言简洁、逻辑清晰。

6. 形成草案

采用图示、表格及文字等形式,将各项制度条文正式书面化,形成制度草案,完成制度起草工作。

7. 制度格式标准化

统一规范各个制度中所使用的名词、编号体例等,统一各个制度的模板，包括字体、字号、目录排列方式、纸张大小及边距、页码格式等，确保各个制度的内容完整、格式规范、标识一致、记录清晰、必备要素齐全等。

（六）制度定稿

管理制度草案制订完成，需要通过意见征询、试行等方式获得相关建议、意见，及时发现不足和纰漏，并对其进一步修改和完善，直到最终定稿。形成的制度草案，制度设计人员可通过以下3种方式征求意见。

1. 提取管理人员意见

将制度草案的内容提交给组织的主管负责人及与制度相关部门的负责人，征求他们对制度草案内容的修改意见。

2. 制度讲解会

召开与制度相关的所有人员参加的制度讲解会，由制度设计负责人讲解其设计思路和每一条具体规定，并现场解答与会人员的质询和疑问，以及时发现遗漏、重复及不合理条文。

3. 一定范围试行

将初步拟订的制度草案在一定范围内试行，征求试行部门及相关人员对制度草案的修改意见，判断制度的可执行性以及需增删的条文内容。

通过上述方式进行意见征询后，制度设计负责人应综合分析意见征询结果，汇总各种修改意见，对制度进行修改和完善，最终形成正式的制度条文，提交组织的主管负责人或上级主管部门审批后执行。

（七）制度公示

管理制度一经制订，就要为组织的经营管理服务，而非束之高阁。因此，经批准后的各项规章制度，应以适当的方式向组织内部乃至公众公示，以便于组织内部职工对制度的遵守执行，组织外部的主管部门、公众对制度落实情况的监督。常用的制度公示方式有4种，组织可根据实际情况选择运用。

1. 发布公文

发布公文是指以行政公文的形式予以颁布实施。

2. 网站公示

网站公示是指在组织的相关网站或局域网上对制度全文进行公示。

3. 集中学习

集中学习是指由单位的主管部门组织全体职工进行集中学习和培训。

4. 传阅学习

传阅学习是指将制度做成电子或纸质文本交由组织内部职工传阅，且在阅读后签字确认，确认方式包括在制度的尾页签名、另行制作表格登记、制作单页的《声明》或《保证》等。

二、图书馆管理制度设计

（一）制度设计规范

制度设计人员在进行管理制度的设计工作时，必须遵循一定的编写规范。这些规范具体表现在以下 5 个方面。

1. 合法合规

（1）制度的各项条款要符合国家、地方的法律、法规等的相关规定，不能超越法律、法规。

（2）组织要赋予制订主体相应的职权，避免制度无效。

（3）制度要经过法律程序审批生效并公示，并加盖公章以示正式发布。

2. 内容完善

（1）制度权利、义务、职责条款要服务于制度的目的，明确效力范围。

（2）确保权利、义务、责任一致，有权利必有义务，有义务必有责任。

（3）发挥制度的激励功能，即制度重在激发职工的积极性和责任心。

（4）明确制度执行和解释部门。

（5）制度要随着组织内外部环境的变化情况进行调整、逐步完善。

3. 形式美观

（1）制度框架要统一，如要有总则、主体内容、附件、相关制度与资料。

（2）制度格式要统一，统一字体、字号、目录排列方式、纸张大小及边距、页码格式等。

（3）制度要简明扼要和易操作。

4. 语言简练

（1）语言简洁、明白、通俗易懂，不产生歧义。

（2）条例清晰、前后一致、不矛盾，符合逻辑规律。

（3）对难以穷尽事项用技术性术语概括规定。

5. 其他规范

（1）制度的可操作性要强。

（2）注意与其他规章制度的衔接。

（3）应规定制度涉及的各种文本的效力，并通过组织的网站、书面、电子文件的形式公示。

（二）制度结构形式

制度的内容结构常采用"一般规定—具体制度—附则"的模式，一个规范、完整的制度所需具备的内容要点包括制度名称、总则/通则、正文/分则、附则与落款、附件这5大部分。管理制度设计人员应注意每一要点，以使所制订的制度内容完备、合法合规。

需要说明的是，对于针对性强、内容较单一、业务操作性较强的制度，正文中可不用分章，可直接分条列出，而总则与附则中有关条目不可省略。

（三）制度名称拟定

制度名称拟定的基本要求是清晰、简洁、醒目。其命名模式一般为：受约单位（或个人）+基本内容+文种。在受约主体一目了然的情况下，也可略去受约单位（或个人）。

（四）制度总则设计

总则是对制度的整体概述，具体内容主要包括但不限于制订本制度的原因（或目的）、本制度所依据的法律法规或内部制度文件等、适用范围（或对象、原则）、受约对象或其行为的界定、定义或解释制度中出现的重要术语、制度中受约单位（或个人）及相关单位（或个人）的职责描述、本制度与其他制度之间的关系说明等内容。

对受约单位（或个人）及相关单位（或个人）的职责描述，可根据制度的内容架构情况，将其编写成独立于"总则"之外一章的内容。但无论采用哪种处理方式，都要注意主要责任部门（或个人）、辅助责任部门（或个人）的先后逻辑关系，更要注意职责之间的逻辑关系。

（五）制度正文设计

正文是制度的主体部分，主要包括对受约对象或具体事项的详细约束条目。其设计思路主要有按对人员的行为要求分章分条，逐项规范和按具体事项的流程分章、对各具体事项分条予以规范两种。

无论采取哪种思路，在对制度"正文"分章、列条目时，一定要全面、合乎逻辑，语言表述清晰，没有歧义。

（六）制度附则设计

制度条文在自然结束的时候，应对制度的制订、审批、实施、修订、使用日期进行说明，以增强其真实性严肃性。制度"附则"包括但不限于制度未尽事宜的解释、制度的制订单位与修订单位及审批人和审批权限、制度生效的条件和适用的起始日期或生效日期，其他与制度相关的，可归入附则的内容等内容。

(七) 制度附件设计

制度"附件"的内容一般主要包括制度执行中需要用到的表单、附表、文件等,主要有以下4个方面。

(1) 制度的执行需要用到的表单、附表等;

(2) 相关制度,即与本制度密切相关的制度体系内的其他制度;

(3) 促进制度执行的方法及程序,包括行政措施、精神激励办法、经济激励措施等;

(4) 相关资料,即指与此项工作相关但更新频繁,无须列入制度的文件。

(八) 制度的修订

1. 制度修订时间

图书馆管理制度所包含的规范、规则、程序文件等必须根据内外部环境的变化,及时修改原有制度中与单位日常工作不适应的规范、规则、程序,以满足社会服务需要。图书馆制度设计人员或修订人员在选择修订时间时,可参考如下情况。

(1) 国家和地方政策发生变化。当国家有关文化、教育、科学、卫生等方面的政策发生变化时,事业单位应根据政策变化对原有制度进行修订或制订新制度。

(2) 法律修订或新法律颁布。国家或地方相关法律、法规等修订或新颁布,导致事业单位内部某些制度或条款不合法或有缺陷、多余时应进行修订。

(3) 制度执行存在问题。事业单位内部各部门或岗位通过工作实践后,认为单位内部已有制度存在问题,经主管部门认可后应进行修订。

(4) 图书馆的组织机构发生变化。当事业单位发生解散、转制、变更、分设、合并等变化时,单位内部原有制度也应及时进行修订。

在上述情况下,如果制度评估后确实不适合当前情况,可撤销或合并到其他制度中去。

2. 制度修订流程

制度修订即在现存相关制度的基础上，对制度的内容进行增添、删减、合并等处理，以及对制度的体系结构进行再设计的过程。图书馆制度设计人员可依照图8-1所示的流程对制度进行修订。

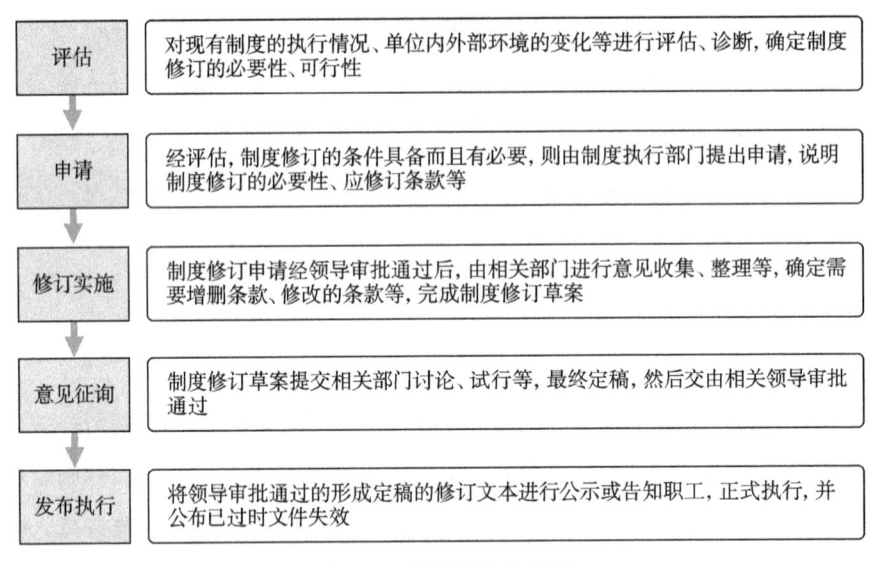

图8-1 制度修订流程图

3. 制度修订应遵循的原则

图书馆在修订管理制度时，要重点遵循以下5个原则。

◎贴近单位内部机构运行与管理的要求。

◎要发挥各制度管理部门的主动性和制度执行部门的能动性。

◎要强化各项工作的管理责任要求。

◎要强调各职能部门的管理服务。

◎要不断规范制度汇编的格式，为下次的制度再修订和今后的统稿工作划定标准。

由于图书馆自身的特点，在其管理制度设计过程中还应注意以下问题。

（1）明确授权批准权限

图书馆部分管理制度经本单位相关部门和负责人审批外，还需经过上级主管部门或财政部门的审批。各部门的授权批准范围、权限、程序、责任因管理制度的不同而具有很大差异，因此，图书馆在管理制度设计前应首先明确各部门的职权，以保证制度设计的科学性。

（2）建立健全问责机制

在进行图书馆管理制度设计过程中，应将管理制度所涉及的各项工作落实到具体部门和个人，并建立问责机制，对那些没有严格按照制度执行的个人实行相应的处罚，以保证制度的权威性。

三、图书馆管理制度特点

图书馆，是以公益服务为主要宗旨的公益性单位，是搜集、整理、收藏图书及相关资料以供人阅览、参考的机构。因此，图书馆有保存人类文化遗产、开发信息资源，参与社会事务管理，参与社会教育等职能，履行管理和服务职能。图书馆管理制度既具有一般管理制度的共性，也具有其特殊性。

（一）规范性

图书馆主要从事涉及人民群众公共利益的服务活动，所设计的管理制度应准确、规范，使图书馆工作人员开展的各项活动有据可依。

（二）权威性

图书馆的服务管理具有很强的权威性，一经公示并实施，就成为图书馆工作人员开展工作必须依据的准则，全体人员必须无条件遵守。

（三）强制性

图书馆管理制度一旦制订和公示，就必须要落实执行，不要让其成为一纸空文。

（四）垂直管理

图书馆系统内部，上级主管单位所制订的管理制度对图书馆及其下属单位均具有指导意义，下级单位应依据上级主管单位管理制度，并参照单位自身情况，制订本单位管理制度。

(五) 权限分级

对图书馆而言，针对同一管理事项，因级别不同，制度所涉及部门和岗位的管理权限等也存在差异，不同层级图书馆单位管理制度设计应体现各自的特点，不强求一致。

(六) 无差别性

图书馆管理制度一经制订，单位内部职工必须无条件遵守，且领导干部与普通职工一视同仁。

四、图书馆人力资源管理制度体系设计

图书馆管理制度是图书馆内部职工共同遵守的规定和准则的总称，是图书馆各项工作顺利开展的体制保障。图书馆人力资源管理制度随着事业单位各项改革的逐步完善，管理制度体系建设已经被越来越多的单位所重视。加强管理制度体系建设成为增加事业单位竞争力、提高其社会服务水平的有效途径。图书馆人力资源管理制度体系如图8-2所示的9大方面。

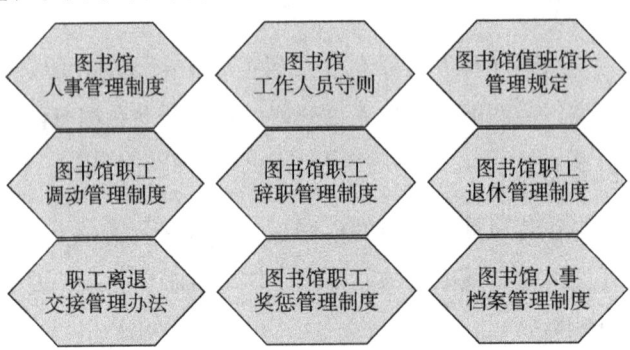

图8-2　图书馆人力资源管理制度体系图

第二节 图书馆人力资源制度范例

一、图书馆人事管理制度

图书馆人事管理制度
第1章 总则

第1条 为了加强图书馆人事管理工作，规范图书馆人事各项工作严格执行馆内各项规章制度，特制订本制度。

第2条 本制度适用于本图书馆全体职工。

第2章 工作人员日常行为纪律

第3条 树立图书馆工作为教育、教学服务的思想，认真学习图书馆管理业务知识。

第4条 遵守图书馆关于工作人员的一切规章制度和管理规定。

第5条 对来图书馆的读者要一视同仁，不得私自为个人或其他人借拿书刊。

第6条 遵守劳动纪律，坚守工作岗位，不得擅离职守，不无故缺勤或迟到。

第7条 下班前检查巡视图书馆门窗、电源、电脑等仪器设备安全，做好防火防盗工作。

第8条 自觉爱护馆内设备，做好设备的清洁、防盗工作。

第9条 保持阅览室库内清洁卫生，确保室内安静，管理和制止读者"乱丢""乱扔""乱吐"等不良现象，营造清洁、安静、舒适的阅览环境。

第10条　定期向读者介绍新图书信息和资料，热情亲切，营造良好的氛围。

第11条　爱护图书，保持图书、报刊、资料完好、有序的排列，为读者查找报刊资料提供辅导与帮助，积极引导读者文明阅读与借阅。

第12条　经常巡视和整理书架，保持库内整洁有序。架上图书陈列整齐，架标规范无缺，图书错架率不超过____%；期刊报纸每天按时整架一次，错架率不超过____%。

第13条　保持图书、期刊、报纸的及时上架与有序排列，严格进行图书报刊的交接与清点；到库新书____日内务必全部上架、读者所归还的图书次日上午必须归架；新到期刊____日内上架、报纸当日上架；读者阅览的图书、报刊必须当班整理，及时归架。

第14条　严禁在库内吸烟，杜绝火灾隐患；做好防鼠、防虫、防潮等书刊保护工作。

第3章　职工的调入与调出

第15条　根据本部门编制从市内外企事业单位人员和应届高校毕业生中择优录取。

第16条　具体调入要求。

（1）处级以上干部，一般不超过50岁（正教授可适当放宽至55岁以内）。

（2）中级科技干部和科级干部，一般不超过45岁。

（3）初级科技干部和科员以下干部，一般不超过35岁。

（4）5级以上技工一般不超过40岁。

（5）工人不超过35岁。

（6）文化程度高中以下人员原则上不予调入。

（7）其他。

①一般情况下一家人不宜同时有3人在本图书馆工作。

②一般情况下本图书馆职工不从外省调入。

第17条　调入人员须经有关部门考核，调入后须进行岗前培训，办理聘任手续，服从部门领导的工作安排。

第18条　本馆职工由于工作需要或其他原因需调至其他单位，必须提前以书面报告形式向馆领导提出，经馆长和接收单位领导同意后方可办理调动手续。

第19条　经馆长和人事处同意后，办理中断聘书手续、办理工作交接手续，方可到新单位上班。未办理以上手续前不得擅离岗位。

第4章　职工的考核

第20条　本馆专业技术人员遵纪守法、完成本职工作、任期内每年考核称职、符合晋升条件，都可申报晋升专业技术任职资格。

第21条　本馆专业技术任职资格按图书资料专业技术系列，分研究馆员、副研究馆员、馆员、助理馆员、管理员五级。

（1）每年进行一次资格评定和确定，具体条件按当年的文件办理。一般情况下：

①大专毕业3年、本科毕业1年或硕士毕业当年可确认为助理馆员；

②本科、大专毕业任助理馆员4年、硕士研究生毕业3年或博士研究生毕业当年可报评或确认为馆员；

③大学本科及以上学历任馆员五年、获博士学位任馆员两年、大专毕业从事图书资料专业工作20年、其中任馆员五年及中专毕业从事图书资料专业工作25年、其中任馆员5年以上可报评副研究馆员；

④大学本科及以上学历、任副研究馆员五年以上可报评研究馆员。

（2）本馆工人在获得大专毕业学历后，可参照此条件获资格提升。

第22条　本馆专业技术人员任职指标（一般为：专业技术人员总数的20%可聘为研究馆员或副研究馆员，55%可聘为馆员，25%可聘为助理馆员或管理员），对已获任职资格的人员进行聘任。聘期每期2年，到期续聘。如果受到指标限制、受聘人在任期内考核不称职、受聘人不适合某一具体岗位，则受聘人可能不得受聘。

第23条　职工的考核每年进行一次。根据图书馆的时间安排，职工本人按照岗位职责和要求，对一年来的工作情况、进修及科研情况进行全面的总结，填写考核表，在本部门的会议上进行考评，由部门主任推荐评定等级（分为优秀、称职、基本称职及不称职），经馆长办公会议讨论决定。

第5章 奖惩管理

第24条 职工遵纪守法、出色完成本职工作、任期内每年考核优秀、有科研成果、有突出贡献、在某一方面有突出表现等，则有获奖励的机会。职工违纪、没有完成工作任务、缺勤、出现责任事故等，均须受到一定的处罚。

第25条 职工的奖励和处罚由馆长办公会讨论决定。

第26条 奖励分为以下7类。

(1) 月度奖金：全勤，完成本职工作，没有发生责任事故者。

(2) 年终奖：年考核称职以上者，按《图书馆先进个人考核评优条例》评为优秀者，可获优秀奖。

(3) 市发年终奖：年考核称职以上者，按《图书馆先进个人考核评优条例》评为优秀者，可获优秀奖。

(4) 特殊贡献奖：在科研、管理等方面有特殊贡献者，经图书馆专门小组讨论评定等级后获奖。

(5) 部门集体奖：馆内年终进行的部门评比奖项，按《图书馆先进集体考核评优条例》评为优秀的部门。

(6) 学术科研奖：馆内不定期进行的奖励活动，按《图书馆学术科研奖励条例》评比后获奖。

(7) 个人单项奖：馆内不定期进行的奖励活动，奖励在文体活动、安全保卫等方面的贡献者和获奖者。

第27条 处罚分为以下5类。

(1) 批评教育：轻度违纪或工作失误者。

(2) 扣发奖金：违纪、工作失误或没有完成工作任务者。

(3) 调换岗位：不能完成岗位任务或不胜任所在岗位者。

(4) 辞聘：严重违纪或不能履行工作职责，经批评教育、扣发奖金或调换岗位后仍没有改进者，年度考核为"不称职"者，年度考核连续2年为"基本称职"者。

（5）自动离职：在辞聘3个月后，本人没有办理离职手续者。

第6章 考勤管理

第28条 职工每周工作5天，每天上班时间为：8：20—17：00（白班），16：40-22：30（晚班）。

第29条 根据不同部门的不同安排，职工须服从安排参加白班、晚班、周末班、寒暑假及其他类型加班的工作，没有特殊理由不得拒绝部门主任的工作安排。

第30条 部门主任有权决定职工2天以内的倒休；超过3天的倒休需报主管馆长批准，并报馆办公室备查；副部主任以上人员倒休假2天以上、病休假1天以上、公差1天以上均需报办公室备查。

第31条 除特殊情况，本馆一般不批准事假。职工私事通常利用倒休时间办理。

第32条 职工患病不能上班，需凭医疗部门开具的病休证明请假，报办公室备查。每月病假3天以上者，按天数扣发奖金及午餐补贴。

第33条 职工因公事不能来馆上班，须有馆长批条并报办公室备查，否则不以公差论处。

第34条 职工婚假、产假、计划生育手术、流产等休假，凭医疗部门证明并经人事处核实的批条或馆长批条（婚假）到办公室请假。假期内不扣奖金和津贴，但不发午餐补贴。

第35条 职工的各类请假均可用加班或超时超量的工作作为抵销。

第36条 职工超时超量的工作和加班，馆里根据情况发放加班费。

第37条 职工可享受国家规定的公众假期的休假，由于本馆实行全年开放制，职工需根据各部安排，参加寒暑假及公众假日的加班。

第7章 培训管理

第38条 职工在岗期间，需接收馆里安排的各种岗位培训，参加馆里安排的培训的时间，算上班时间。

第39条 本馆鼓励职工自愿参加有关的在职学习，由各部门视工作安排情况给予适当的时间调配，但原则上不能影响正常工作。

第40条　职工的学习经馆领导同意后其费用可由馆里给予适当补助，凭结业证书（或毕业证书）和学费收据报销×××元。

第41条　本馆要求职工积极参加各种学术科研活动，要求有高级专业技术任职资格的人员每2年发表两篇以上论文，中级职称的人员每3年发表两篇以上论文。馆里按照《图书馆学术科研奖励条例》给予一定的奖励。

第42条　馆外举办的业务学习及学术会议，馆长安排或经馆长同意参加的，可按公差处理并给予一定的资料费补助。

第43条　本馆鼓励职工承担各种力所能及的教学活动，业余时间的教学补助和酬金由任课职工自得，不必上交馆里，但职工的各种教学活动均不能影响正常工作。

第8章　附则

第44条　本制度由本馆人事处制定、解释。

第45条　本制度自颁布之日起执行。

二、图书馆工作人员守则

图书馆工作人员守则

第1条　为规范本图书馆职工的工作行为，特制订本守则。

第2条　本守则适用于本图书馆全体职工（以下简称"工作人员"）。

第3条　工作人员必须坚持正确的政治方向，努力学习马列主义、毛泽东思想邓小平理论和"三个代表"重要思想，学习党的方针政策，坚持四项基本原则，在思想政治上与党中央保持一致。

第4条　工作人员必须恪守职业道德，认真履行岗位职责，勤奋工作，认真负责，专心致志，任劳任怨，避免差错，充分发挥积极性和创造性，出色地完成本职工作。

第5条　工作人员必须爱岗敬业，牢固树立"读者第一"的观念和良好的服务意识，端正服务态度，服务热情，态度和蔼。虚心听取读者意见，不断提高和改进服务质量。服务中必须主动热情，必须使用文明语言，避免和杜绝不文明或不负责任的用语。并根据馆藏和教学科研的需要，最大限度地满足读者要求。

第6条 工作人员必须遵守国家的政策法令，严格执行本馆规定的规章制度，服从组织安排，遵守劳动纪律，坚守工作岗位，按时开馆和闭馆，有事及时公告读者。不迟到，不早退，不旷工，有事有病请假，严格履行请假手续。工作时间不脱岗，不串岗，不做私活，不扎堆聊天，不玩电子游戏，不上网聊天，不吃东西，不阅读工作规定以外的书刊。

第7条 工作人员必须衣着整齐，仪表整洁，言行得体。不在工作岗位上闲聊、大声说话，保持环境安静，不干与工作无关的事。电话联络或与人谈话，声音应尽量放低。直接面对读者部门的人员应把手机设在"振动"的位置，接听电话应尽量避开读者，不能影响读者学习。

第8条 图书馆是重点防火单位，不准在馆内吸烟和使用各种电热器件，对违反安全规定的现象和行为有责任进行劝阻、制止和报告。要提高警惕，防火、防盗、防破坏。不在禁烟场合抽烟，不随地吐痰、乱扔垃圾，保持工作环境整洁干净。

第9条 模范执行本馆规定，以普通读者身份依照规定权限借阅馆藏书刊，并严格办理借阅手续。不越权借书，超额借书，过期交滞纳金，损坏和丢失图书照章赔偿，不为自己或亲友搞特殊化。

第10条 与人为善，相互理解和尊重，不断提高道德修养，积极维护图书馆在读者心目中的良好形象。

第11条 加强对办公桌面，办公室环境的清理，办公、业务用品和材料以及待处理的书刊不乱堆乱放。计算机等设备的外观要经常清洁，保持和维护工作环境的整洁美观、井然有序。积极参加学校和馆里组织的公益劳动。

第12条 爱护馆内一切公物，提高安全意识。精心保管馆藏文献，经常检查修补。爱护各种设备，经常维修保养。树立档案意识，搞好馆内档案建设。

第13条 培养高效、务实的工作作风,做到令行禁止、政令畅通。

第14条 发扬与时俱进的精神,不断提高自身素质。要充分利用业务学习和业余时间,刻苦钻研业务,坚持理论联系实际并积极开展学术研究活动。发扬团结友爱、互相协作的团队精神。开展批评与自我批评,反对各种不利于团结的行为。创造团结、和谐的氛围,增强凝聚力,建立一个积极向上、高效精干的战斗集体。

第15条 本守则由馆长办公会讨论通过后颁布实施。

三、图书馆值班馆长管理规定

图书馆值班馆长管理规定

第1条 为了规范图书馆值班馆长对工作人员的管理,特制订本规定。

第2条 本规定适用于本图书馆全体职工。

第3条 馆办公室为馆长决策执行部门,是全馆业务工作综合协调指挥部门,值班馆长由馆办公室排班安排。

第4条 值班馆长职责。

(1) 检查图书馆职工工作风纪,督促检查各部门履行岗位职责及工作计划的完成情况。

(2) 负责防火安全监督检查工作。

第5条 值班馆长图书馆职工工作风纪,各部门履行岗位职责及工作计划的完成情况、监督检查的工作内容。

(1) 图书馆职工必须牢固树立"服务为先、发展为重、以人为本"的办馆理念,强化服务意识。

(2) 图书馆职工按时上下班,坚守岗位,不干与工作无关的事情,离岗时必须登记。

(3) 图书馆职工应热情接待读者,使用礼貌用语,虚心听取读者意见和建议,尽量解决读者提出的合理要求。

（4）图书馆内必须保持肃静，不得高声喧哗和嬉闹。

（5）图书馆内不准吸烟，不准随地吐痰，不准乱丢果皮、纸屑，注意爱护馆内清洁卫生。

（6）图书馆职工及入馆人员注意仪表整洁，馆内不准穿拖鞋、背心，不准赤膊入馆，杜绝一切不文明行为。

（7）图书馆职工及入馆人员自觉爱护馆内一切设施，若损坏公物应照价赔偿。

（8）值班馆长要做好防火、防盗、防潮、防晒、防尘等5防工作，离馆时关好水电，门窗。

（9）图书馆职工维护图书馆良好秩序，不与读者发生冲突，如与读者分歧不能解决，可请求上级领导或有关部门裁决。

第5条 值班馆长防火安全监督检查工作内容。

（1）馆内严禁吸烟。

（2）严禁在书库、资料室、阅览室用明火（火柴、打火机、蜡烛）查找书刊及资料、阅览报纸杂志。

（3）纸屑必须堆放在规定的地方。

（4）馆内不许烧电炉和煤油炉。

（5）不准私自拉接电灯电线。

（6）爱护和正确使用消防器材。

（7）安全和纪检值班员应经常检查门窗、水电关闭情况。

（8）馆长在星期六、星期日及节假日应经常巡查图书馆安全情况。

（9）发现火灾及时扑救或报告馆长和保卫处。

（10）书库、资料室、阅览室、办公室、会议室的防火安全，谁管理谁负责。

第6条 本规定由人事处负责制订与解释，自颁布之日起实施。

四、图书馆职工调动管理制度

图书馆职工调动管理制度
第1章 总则

第1条 为进一步规范本单位职工调动管理,规范调动程序,完善调动手续,加强对本馆职工调动工作的管理,确保职工合理、有序流动,本着控制数量、严格审批、规范管理的原则,结合本馆实际情况,特制订本制度。

第2条 本制度所称"调动"是指因工作需要暂时将职工从原单位借用到其他单位执行指定工作的行为,调动人员在调动期间身份关系、薪酬关系在原单位保持不变。

第3条 以"统筹安排、兼顾全局、科学有序、注重实效"为目标,坚持组织安排与个人意愿相结合的原则,根据工作需要和资格条件,从严把握工作调动。

第4条 本制度适用于本馆的正式在编人员。

第2章 职工调动的条件

第5条 本单位职工调动主要分为直接调动和遴选调动。

(1) 直接调动的人员条件包括但不限于以下4个方面。

①被调人员是正式在编在岗人员。

②身体健康,能够吃苦耐劳。

③政治素质好,工作能力强,事业心责任感强,现实表现优秀,遵纪守法,作风正派。

④具有与拟调入岗位要求相当的工作经历、工作能力和任职资格,借调到专业性较强的工作岗位的人员需有相关学历或职称。

(2) 遴选调动:可参照公招的相关要求进行,坚持"凡进必考、择优录用"的原则。

第6条 因工作需要内部调动工作人员时,必须具备以下条件。

(1) 本部门（单位）编制内工作人员缺额，不能保证工作任务完成的。

(2) 因承接重要工作、重大工程、重点项目、阶段性工作或上级部门安排部署的重要任务，本部门（单位）工作人员不足的。

(3) 因专项工作设立机构，暂时无法解决人员编制的。

第7条　出现下列情况之一的，不得办理职工调动手续。

(1) 试用期（见习期）、最低服务年限未满的工作人员。

(2) 特殊岗位、专业技术职工调动后对工作可能造成影响的。

(3) 涉嫌违纪违法正在接受专责机关审查、尚未做出结论的。

(4) 受处分期间或者未满影响期限的、正在接受审计机关审计的。

(5) 近3年年度考核有基本称职（基本合格）、不称职（不合格）或不定等次的。

(6) 与借调单位领导有亲属关系的人员。

(7) 法律、法规规定的其他情形。

第3章　职工调动手续办理

第8条　工作人员的调动需要根据需求来制订调动计划，具体要求如下。

(1) 职工调动必须在单位规定编制、岗位（岗位）空缺的情况下进行。

(2) 各级单位如有调动需求，需在每季度最末1个月中旬上报下一个季度职工调动计划，报上级人力资源和社会保障局汇总后，拟订职工调动计划。如遇特殊情况及急难险重工作需求，经分管人事工作的副区长和区长同意的除外。

(3) 凡在编制范围内同意调出工作人员后，该单位出现的空缺原则上不再补充同类人员。

第9条　工作人员的短期调动，以完成相应工作为限，一般不得超过1年；期满后返回原单位，由原单位妥善安排工作。如因工作需要，确需延长工作时间的，应提前1周按干部管理权限向上级组织部、人社局提出书面申请，重新办理工作调动手续。

第10条 职工调动审批程序。

由用人部门（单位）提出书面申请，说明单位编制及岗位、岗位空缺情况、本人调动申请、选调方案、调动期限、拟调岗位的要求及任职资格条件（性别、年龄、文化程度、专业、特长等），按干部管理权限报市委组织部或市人社局审批。由组织人事部门研究调任人选，并统一发文调动。

第11条 出现下列情况之一的，用人部门（单位）应及时解除相关人员的调动关系。

（1）借调期满，未办理续借手续的。

（2）原定的调动期未满，工作任务有变动或工作任务提前完成，不再需要继续借调的。

（3）因原单位工作需要，被调动的人员无法继续从事用人部门（单位）工作的。

（4）被调动的工作人员因个人原因提出结束调动关系，并得到用人部门（单位）同意的。

（5）被调动的人员违反用人部门（单位）劳动、工作纪律，致使无法正常开展工作的。

（6）被调动的人员因其他原因不适合继续借调的。

第12条 被调动人员应严格遵守国家公务员行为规范和用人部门（单位）各项规章制度，自觉服从该部门（单位）的管理和领导，认真完成工作任务。

（1）被调动的人员在调动期内由用人部门（单位）负责管理，参加用人部门（单位）的相关活动（有特殊规定的除外），享受用人部门（单位）工作人员同等的政治教育、业务培训等待遇。

（2）调动期间，被调动人员与原单位的人事关系不变。借调期限在6个月以上的，应及时将党组织关系转到借入单位。原单位应按规定做好被调动人员的薪酬福利、职称晋升等管理工作。

（3）被调动的人员在用人部门（单位）工作不足6个月的，在原单位参加年度考核。用人单位应对期间的工作表现给出鉴定，向原单位反馈；在用人部门（单位）工作超过6个月的，由用人部门（单位）进行年度考核并提出评定等次意见，向原单位反馈。

（4）调动期间，如遇原单位竞争上岗、岗位调整等情况，原单位应将被调动人员与在编在岗干部（职工）同等对待，做好该职工定员、定岗、定级工作，保证公开、公平对待借调人员。

（5）被调动人员在调动期间，违反有关规定、玩忽职守、贻误工作、不服从领导，以致造成不良影响的，随时予以退回，并视情节给予相应处分。

（6）被调动人员借调期满，因工作需要，符合提拔（重用）或调动等相关条件的，按相关规定办理。

第13条 职工调动手续办理工作纪律

（1）人事调动工作由组织人事部门集中统一管理，统一审批。未经组织人事部门审批不得随意调动。

（2）各部门（单位）要严格按照本制度，根据实际工作需要借调其他部门的工作人员，切实加强对被调动人员的管理。

（3）有关部门（单位）接到人事调动通知后，应及时通知被调动的人员按规定时间报到。

（4）已调到各部门（单位）但没有办理正式调动手续的人员，确因工作需要借调的，按本制度规定的程序及时补办调动手续。

（5）未按规定程序办理职工调动的，要追究借出、借入部门（单位）的主要领导责任。

（6）在办理职工调动过程中，必须依法办事、公道正派、公开透明，严格遵守组织人事工作纪律。

（7）调动工作中存在应当回避情形的，按照有关规定执行。

第4章 附则

第14条 本制度由馆长办公会制订，经上级主管单位审批后颁布执行。

第 15 条　本制度自发布之日起生效。

五、图书馆职工辞职管理制度

图书馆职工辞职管理制度

第 1 章　总则

第 1 条　为了完善本单位的人事管理规章制度，促进人才合理流动，依法保护单位和职工的合法权益，依照国家和地方相关法律及文件，特制订本制度。

第 2 条　本制度主要适用于本单位的在编人员，其他人员辞职参照本办法或按照聘用合同的相关规定办理，以下涉及的辞职职工皆默认为在编人员。

第 3 条　在编职工辞职应遵循下列 3 大原则。

(1) 有利于人才的合理分布、适应本单位经营发展需要。

(2) 有利于更好地发挥人才作用。

第 4 条　在编职工是指具有国家（人事部门）正式编制的工作人员，其基本薪酬和地方性补助都是财政拨款、经过公开招考而进入编制的。

第 2 章　辞职职工要求

第 5 条　有下列情形之一的，辞职职工可以单方解除本合同，并书面通知单位。

(1) 在试用期内的。

(2) 考入全日制普通高等院校的。

(3) 被录用或者选调到国家机关工作的。

(4) 依法服兵役的。

第 6 条　单位职工有下列情形之一，不得提出辞职。

(1) 有重要公务尚未处理完毕，且必须由本人继续处理的。

(2) 正在接受纪检机关（监察机关）、司法机关调查或审计机关审计的。

(3) 其他特殊情况。

第7条 有下列情况之一的人员，其辞职事宜必须经过批准。

(1) 国家和省、市（地区）重点科研项目的主要负责人和业务骨干，辞职后对工作可能造成损失的。

(2) 经司法或行政机关决定或批准，正在接受审查、尚未结案的。

(3) 法律、法规、规章制度等规定的其他情况。

第3章 辞职程序

第8条 辞职职工在可以随时单方解除聘用合同的情形时，应详细注明解除合同的依据、理由、解除时间及其他相关事项，以《解除聘用合同说明书》的形式书面通知单位。

第9条 职工希望与单位协商解除聘用合同的，应当经过以下程序。

(1) 辞职职工应提前30天提交书面申请至本部门负责人。

(2) 职工所在部门负责人或直接上级需与职工进行积极的沟通，沟通无效的情况下，由部门负责人或直接上级签署明确意见后报单位人事处。

(3) 人事处签署意见后呈报单位主要负责人研究决定。

(4) 协商一致，办理辞职手续。

第10条 职工提出解除聘用合同，未能协商一致的，拟辞职职工应当继续履行；6个月后再次提出解除合同仍未能协商一致的，即可单方解除本合同。法律、法规另有规定的，从其规定。

第4章 辞职交接管理

第11条 自组织（人事）部门批准辞职之日起30日内，辞职职工应办理交接等相关手续；对拒不办理交接手续的，应按照有关规定予以相应处分。

第12条 辞职职工应当在离职前归还单位物品（包括固定资产、借用物品、部门资产等），经由经办人及部门负责人监督并签名确认。

第13条 辞职职工应在离职前5日完成因工作原因而发生的借款、报销等事宜的清账工作。

第14条　辞职职工的人事档案，应按国家关于流动人员人事档案的规定，办理移交、接转手续。

（1）对于辞职职工的人事档案，可转至户籍所在地人才流动服务机构进行管理，也可由其现工作单位所在地的人才流动服务机构管理。

（2）尚未建立人才流动服务机构的地区，流动人员人事档案仍由原人事档案管理单位管理。

第15条　辞职职工在未能另外获得住房前，在10个工作日内可允许继续居住在原单位住房，并按照××元/天缴纳房租租金。

第16条　辞职人员凡经单位出资培训的，如个人与单位订有合同，培训费用可按合同规定办理；如个人与单位没有签订合同，单位以其未服务年限所平摊的培训费为标准进行收取。

第17条　辞职职工若是本单位重点引进的人才，花费的人才引进费由职工如数偿还。

第5章　其他相关事宜

第18条　辞职职工不得私自带走属于单位的科研成果、内部资料和设备器材等，违者视情节轻重给予行政处分或责令赔偿经济损失。

第19条　辞职应按规定程序办理手续，不得擅自离职。对擅自离职职工，进行批评教育，并分不同情况妥善处理。符合本规定第5条、第7条可以辞职或经批准允许辞职的，补办辞职手续。对拒不补办手续的，按自动离职处理。

第20条　单位应支持人才合理流动。

第21条　单位或主管部门与辞职申请人之间发生争议时，可向当地政府人事部门人才流动争议仲裁机构申请调解或仲裁。

第22条　涉及国家安全、知识产权、重要机密的职工，应严格遵守国家及本地区有关规定，未经同意，不得使用或泄密；否则，将追究其侵权或泄密责任。

第6章　附则

第23条　对于本制度的未尽事宜，依照国家相关规定执行。

第24条 本制度由本单位人事部负责解释，本办法自公布之日起施行。

六、图书馆职工退休管理制度

图书馆职工退休管理制度

第1章 总则

第1条 为合理地配置本单位的现有人力资源，规范在编人员的退休管理，依据国家政策规定，结合本单位实际，特制订本管理制度。

第2条 退休是指职工达到单位规定的一定年龄，从工作岗位上退职并与单位解除劳动关系的人事活动。

第3条 本单位在编人员的退休管理均按本制度执行。

第4条 退休职工应满足下列条件。

（1）本单位职工退休年龄是男年满60周岁，女工人年满50周岁，女干部年满55周岁。

（2）因病或非因工致残，由医院证明并经劳动鉴定委员会确认完全丧失劳动能力的，退休年龄为男年满50周岁，女年满45周岁。

第5条 本单位人事处离退休办公室是单位离退休人员的管理部门，负责制订与实施单位离退休人员管理与服务工作的计划，保管和统计退休人员的资料、信息等相关工作；在职工达到规定的退休年龄前1个月通知本人，离退休按有关政策不需本人提出申请。

第2章 退休手续办理

第6条 正常退休手续办理程序。

（1）人事处离退休办公室负责核定相关资料，呈单位主管领导先审查，报单位党组会审批。

（2）人事处离退休办公室工作人员约请离退人员谈话，告知政策，通知办理离退休手续。

（3）人事处离退休办公室审核退休审批表等材料，并按管理权限报组织部门、人事部门、编制部门办理审批手续。

（4）离休职工应在其到龄后的1个月内办理完工作交接、财务交接、办公设施设备交接、车辆交接等交接手续，保证内外工作接续顺畅，无遗留问题。

（5）人事处离退休办公室按时通知相关部门停发在职人员薪酬，同时报送社保部门办理享受养老保险手续及公积金退款手续。

第7条 提前退休的办理手续办理程序如下。

（1）由本人提交书面申请，上交所在部门负责人。

（2）所在部门出具意见后报人事处离退休办公室核实其提前退休的理由、出生年月、工作年限等。

（3）对符合提前退休条件的，报单位党组讨论决定，如同意提前退休，可办理相关手续。

第8条 职工退休审批后，填写"职工离岗工作交接清单""人员离职结算通知单"，并将离退休材料送人事处离退休办公室归档，申领退休证。

第9条 职工退休后的退休费按本人退休前岗位薪酬、薪级薪酬之和的一定比例计发。其中，工作年限满35年的，按90%计发；工作年限满30年不满35年的，按85%计发；工作年限满20年不满30年的按80%计发。

第3章 附则

第10条 本制度未尽事宜，依照国家相关规定执行。

第11条 本制度由单位人事部负责解释，自公布之日起施行。

七、职工离退交接管理办法

职工离退交接管理办法
第1章 总则

第1条 目的

为规范职工离退职程序，确保职工离退职对本单位的正常运作产生较小影响，依照国家和地方相关法律及文件，特制订本实施办法。

第 2 条 本办法适用范围

（1）因合同到期未续聘人员。

（2）因提前与单位解除劳动合同的离岗人员。

（3）因退休离岗人员。

（4）涉及工作岗位变动的人员。

（5）涉及岗位工作内容的增减或重新调整的人员。

（6）因其他原因停职或暂停工作人员。

第 2 章　职工离退交接管理

第 3 条　离退职工作交接管理

（1）离退职职工离职前，由部门负责人规定离职交接项目、交接要求和交接人，移交完成后，由部门经理签核确认。

（2）移交项目及移交签核人发生变动时，对应的管理部门有义务及时通知人事处劳动关系专员，以便及时修订《职工离退职移交表》。

第 4 条　离退职职工的物品交接管理

（1）人事处在收到离退职备案当天，应将离退职职工信息（姓名、部门、工号、最后工作日、部门经理等）通知人力部、财务部、办公室、信息中心、物业部、工程技术部等所有公共资源管理部门。

（2）公共资源管理部门应当在两个工作日内，将离退职职工所需要归还、清退、抵扣、移交、关闭、转移的各类款项、物品、关系等汇总信息反馈给离退职职工本人及其部门经理。

（3）离退职职工无论何种原因离开单位，必须在离岗前将在单位领用的物品上缴到主管部门（超过规定使用期限的，可不列入交接内容）。

（4）单位的相关资料以及在岗期间的相关工作资料（个人工作记录和记事本不包括在内，但市场业务人员专门用于市场信息记录的记录或记事本不属个人物品），属单位财产和资源，离退职职工不得带走。

（5）所有移交项目统一由公共资源管理部门负责人和离退职职工的部门负责人逐一签核确认，工作部门责任人对按规定应收回的物品负有全面责任，因工作失误造成的物品未能收回或无法扣除罚款、从而损害单位利益的，则追究其失职责任或赔偿责任。

第5条 离退职职工有义务按照《职工离退职移交表》的指引，配合各部门指定人员，在最后工作日前，完成移交手续。

第6条 离退职职工的未结薪酬、便携押金、离职补偿、公积金、离职证明等，应待移交手续完成后发放、转移及开具。

第7条 信息中心及工程技术部应当在职工离职之后及时注销其工号、各类单位账号等。

第8条 离职职工应在离职后3个月内，将户口、人事档案、社会保险，从本单位转移出去，超过3个月后，单位将不再为离职职工出具涉及户口、婚育、档案、社保等方面的法律证明。

第3章 附则

第9条 本制度未尽事宜，依照国家相关规定执行。

第10条 本制度由单位人事部负责解释，自公布之日起施行。

八、图书馆职工奖惩管理制度

图书馆职工奖惩管理制度
第1章 总则

第1条 目的

为了更好地激发广大职工的工作积极性，发挥职工的特长，培养职工的创造性能力，本图书馆特实行本奖惩制度。

第2条 适用范围

本图书馆内部所有在职职工均依据本制度执行。

第2章 图书馆职工奖励管理

第3条 奖励方法

本图书馆职工奖励采用精神奖励与物质奖励相结合的方法。

第4条 物质奖励

(1) 对参加或指导下属的职工参加校、区、市、省、国家等行政部门举办的各种竞赛取得的成绩，其物质奖励标准如下所示。

竞赛评比活动奖励标准

获奖级别 获奖等级	国家级	省级	市级	县级
一等奖	___元	___元	___元	___元
二等奖	___元	___元	___元	___元
三等奖	___元	___元	___元	___元

注：经层层选拔的竞赛，以同项获奖最高级别计，不重复计算

（2）为鼓励职工完成科研工作，特设学术论文奖，对职工个人发表的论文获奖作品给予一定的奖励。

学术论文获奖奖励标准

获奖级别 获奖等级	国家级	省级	市级	县级
一等奖	___元	___元	___元	___元
二等奖	___元	___元	___元	___元
三等奖	___元	___元	___元	___元

注：科研成果获奖也按此标准的___~___倍给予奖励

（3）为本图书馆获得良好声誉，为本图书馆发展做出重大贡献的职工，由馆长办公讨论决定发给不少于_____元的特殊贡献奖。

第5条 精神奖励

（1）根据职工工作表现，依据相关评选规则，评选优秀职工、优秀科研工作者，并颁发相关奖章、证书。

（2）优秀职工、优秀科研工作者作为岗位晋升的主要后备人员，在岗位晋升或人才选拔中给予重点考虑。

第3章 图书馆职工惩罚管理

第6条 日常工作违规惩罚

（1）职工对学生进行有偿补课和家教者，扣除当月应得奖金金额的___%。

（2）无特殊原因，未按要求参加政治业务学习者，每缺少一次扣___

___元。

（3）上班期间做与工作无关的事情，每发现一次扣____元。

（4）未按学校规定执勤，每发现一次扣____元；执勤期间出现责任事故，执勤教师扣____元/次。

（5）体罚学生的教师，经学校调查核实后，除向学校递交检查外，并扣发该教师从事件发生至问题处理结束期间的所有奖金。

（6）严格执行课堂规则，做到上课不迟到，下课不早退，违反此规定每出现一次扣____元。

第7条　缺勤惩罚

（1）全体职工应自觉遵守纪律，按时上下班。因私、因事、因病等原因缺勤时，应事前履行请假手续，否则按照旷工处理，每次扣____元。

（2）迟到：____分以内，扣____元/次；____分钟～____小时，扣____元/次；____小时以上，扣____元。

（3）1个月内，事假____天以上，病假____天以上（不含节假日）扣除相应天数的活津贴及当月考勤奖。

第8条　职工应举止文明，仪表端庄。男职工不能穿拖鞋、背心、留长发；女职工着装得体，违反此规定每出现一次扣____元。

第4章　附则

第9条　本制度的拟定和修改由人事处负责，报馆长审批通过后执行。

第10条　本制度的最终解释权归人事处。

九、图书馆人事档案管理制度

图书馆人事档案管理制度
第1章　总则

第1条　目的

为进一步加强本图书馆的档案管理，使之更加规范化和科学化，更好地为我图书馆各项工作服务，根据相关规定，特制订本制度。

第 2 条　管理部门

本图书馆职工人事档案管理部门是档案馆。档案馆设置人事档案科负责管理职工人事档案。职工人事档案工作业务上接受上级组织人事部门和档案管理部门的指导、监督和检查。

第 2 章　人事档案材料的收集与归档要求

第 3 条　建立和完善职工人事档案收集归档制度。档案馆负责接收职工任免、调动、上挂下派、考察考核、培训、奖惩等工作中新形成的反映职工德、能、勤、绩、廉的材料，充实职工人事档案内容。职工人事档案材料归档范围，由档案馆根据中组部《干部人事档案材料收集归档规定》另行制订。

第 4 条　档案馆应确定 1 名政治思想素质高、作风正派、原则性强的同志为档案员。档案员应认真学习有关职工人事档案材料的收集归档的规定，负责将职工人事档案材料在形成后半个月内送交上级主管单位档案馆，同时承办有关事宜。

第 5 条　收集的人事档案材料，必须经过认真的鉴别，属于归档的材料应真实准确，完整齐全，文字清楚，对象明确，手续完备，具有保存价值。需经组织、人事部门审查盖章或本人签字的，应在盖章签字后方能归入人事档案。

第 6 条　不属于档案范围的材料，不得擅自归档，经过鉴别，可分别情况予以处理。凡销毁材料必须详细登记，并报请组织、人事部门和档案馆负责人审查后，呈报分管领导批准，由专人负责监督。

第 3 章　人事档案的管理与利用

第 7 条　对人事档案应建立登记和统计制度，建立各类档案名册。每年检查核对一次档案，做到档号与档案名册编号一致，发现问题及时解决。严格执行保密制度，确保档案的绝对安全和准确无误。

第 8 条　因工作需要查阅和借阅人事档案，须遵守下列规定。

（1）查阅档案者须是党员干部。

（2）查阅单位填写《查阅档案审批表》，按查阅规定办理有关手续。

(3) 各分党委、总支书记、副书记可查阅本单位职工的档案，但不得跨单位查阅。

(4) 查阅副处以上级别的干部档案须经党委组织部或人事处批准，方可查阅。

(5) 任何个人不得查阅或借用本人及其亲属的档案。

第9条 查阅档案注意事项

(1) 查阅档案，必须严格遵守保密制度，严禁在档案卷内涂改、圈画及撤换档案材料，不得向无关人员泄露被查档案内容，违者应追究责任。

(2) 查阅档案时，不得抄录档案内容，如特殊情况，须经人事处主任允许后方可抄录，抄录的材料应近期送回档案室处理。

第10条 外调人员一般不得查阅档案，如特殊情况需查阅时，必须持县级以上组织、人事部门介绍信，并有两名正式党员在场方能查阅。

第11条 在特殊情况下，经批准档案可以借出，但借出时要及时登记，按期归还，如不按时归还，要及时催收，以免遗失。

第12条 对人事档案的接收、传递必须严格手续，有案可查。查借阅人事档案应严格按《人事档案查（借）阅制度》办理。

第4章 档案的转递

第13条 因工作调动或辞职时，档案管理部门应及时将档案转出。

第14条 人事档案应通过机要交通渠道转递或派专人传送，不准邮寄或交本人自带。如外单位派专人来提取，必须持人事或组织部门出具的介绍信。

第15条 调出人员持《调档通知》要求转递档案，必须经图书馆人事部门负责人同意签署意见方可转出。有关部门同时把本人的现实表现、体检表或技术档案转入人事档案室，由人事档案室统一转递。档案转出后，一个月满未见对方退回回执应写信催回，以防丢失。

第5章 人事档案的保管

第16条 严格遵守保密制度，坚持保密原则，做好保密工作，防止失密和泄密。

第17条　档案馆对职工人事档案的转入、转出要及时登记，对库内档案定期进行统计，做到账物相符。

第18条　定期进行档案保管状况的检查，对破损和载体变质的档案要进行修补和复制。并定期进行清理核对，做到账卷相等，发现问题要速报有关部门处理。

第19条　人事档案室、柜要做到有防盗、防潮、防火、防虫、防尘、防鼠、防高温、防强光等"八防"设备，确保档案的绝对安全，并搞好室内的清洁卫生工作。

第6章　附则

第20条　本制度由档案馆负责解释。

第21条　本制度自公布之日起执行。